Swipe & Love

Michele Murgese
Vito Michele Cornacchia

Swipe & Love

Un viaggio nel desiderio
tra attrazione corteggiamento e seduzione

psicobiologia ed estetica dell'amore

Independently published

Michele Murgese
Vito Michele Cornacchia

SWIPE & LOVE

Un viaggio nel desiderio
tra attrazione, corteggiamento e seduzione

psicobiologia ed estetica dell'amore

ISBN: 9798339380399
Imprint: Independently published

Prima edizione: settembre 2024
L'immagine di copertina è opera originale di Vittorio John
Cornacchia

Contatti: seduzione@gmail.com

Indice

Premessa

La società contemporanea, caratterizzata da un'enfasi sul consumo e sull'individualismo, ha profondamente influenzato i valori e le aspirazioni delle persone, rendendo più complessa la costruzione di relazioni profonde e durature.

Come sottolinea Zygmunt Bauman, viviamo in una società "liquida", dove tutto è in continuo mutamento e le relazioni sono sempre più fragili.

Il digitale ha amplificato questo fenomeno, creando un paradosso: i rapporti sembrano caldi nel web ma freddi e liquidi nei sentimenti e nell'affettività.
La facilità con cui si instaurano contatti virtuali e la distanza geografica che spesso separa i partner rischiano di mascherare sentimenti ed emozioni, portando a una superficialità nei rapporti e, talvolta, a difficoltà nel costruire legami autentici.
Manca la profondità emotiva, molti giovani tendono ad auto isolarsi.
In particolare, sembrano disorientati di fronte alla complessità delle relazioni amorose. Questo contesto socioculturale, caratterizzato dalla mancanza di modelli educativi solidi e di rapporti familiari forti, li rende meno preparati a gestire la complessità delle relazioni affettive e a costruire legami significativi.

Spesso preferiscono interazioni più superficiali e meno impegnative, come fare le storie o scherzare con i coetanei, piuttosto che affrontare il processo più complesso del corteggiamento.

In un mondo globalizzato e in continua evoluzione, le relazioni amorose si trovano a navigare in acque turbolente.

Da un lato, le tecnologie digitali abbattono le barriere geografiche, offrendo nuove opportunità di connessione e ampliando i nostri orizzonti relazionali. Dall'altro, l'instabilità economica, le trasformazioni sociali e l'incertezza del futuro incidono profondamente sulle nostre scelte affettive.

La comunicazione online, pur facilitando l'interazione, rischia di impoverire il linguaggio dell'amore, mentre le nuove forme di relazione sfidano i modelli tradizionali, aprendo scenari complessi e talvolta inquietanti, come dimostra il recente caso di cronaca di Viadana.

Gli algoritmi dei social media influenzano le nostre scelte, creando bolle di filtro che limitano la nostra esposizione alla diversità, mentre l'intimità fisica si intreccia con quella virtuale, dando vita a nuove forme di espressione e di relazione.

L'intelligenza artificiale, sempre più pervasiva, potrebbe un giorno rivoluzionare le dinamiche amorose, offrendo compagni virtuali in grado di soddisfare bisogni emotivi e sociali.

Inoltre, l'ossessione per l'immagine e la perfezione fisica, alimentata dai media e dai social network, contribuisce a creare un clima di competizione e di insicurezza che incide negativamente sulle relazioni affettive, favorendo l'auto-percezione di inadeguatezza.

In questo contesto globalizzato, l'etica della seduzione solleva interrogativi complessi, intrecciandosi inevitabilmente con le dinamiche dell'amore e delle relazioni interpersonali.

Mentre l'amore rappresenta un sentimento universale e profondo, le sue manifestazioni e le modalità con cui viene vissuto sono fortemente influenzate dal contesto culturale e sociale in cui si sviluppa.

Generazione Swipe
a cura di Vito Michele Cornacchia

1

Generazione swipe

Il termine 'generazione swipe' è ormai entrato nel nostro lessico quotidiano per indicare le giovani generazioni nate e cresciute nell'era digitale.

Abituati sin dall'infanzia a smartphone e tablet, questi giovani utilizzano sempre più i dispositivi come un'estensione di se stessi, interagendo con il mondo attraverso un semplice gesto: lo swipe.

Questo gesto, apparentemente banale, ha radicalmente trasformato il modo in cui le nuove generazioni comunicano, si relazionano e percepiscono la realtà.

Come sosteneva Zygmunt Bauman, viviamo nell'epoca degli "amori liquidi", dove i legami sono effimeri e possono disfarsi con la stessa facilità con cui si scorre un dito sullo schermo.

Il gesto dello "swipe", rapido e disinvolto, ha trasformato lo smartphone in un vero e proprio metaverso, dove le identità sono fluide e le relazioni, spesso limitate a pochi clic, rischiano di diventare superficiali e transitorie.

La comunicazione è diventata istantanea, immediata, privilegiando i contenuti visivi (immagini, video) rispetto a quelli testuali. Messaggi brevi, emoji e like hanno sostituito le lunghe conversazioni, mentre le opinioni dei coetanei e degli influencer online influenzano fortemente le scelte e i comportamenti degli utenti.

Riprendendo le riflessioni di Erving Goffman sulla "gestione delle impressioni", possiamo affermare che le app di incontri sono diventate i nuovi teatri sociali, dove, come attori su un palcoscenico digitale, le identità si plasmano e si trasformano e siamo chiamati a interpretare un ruolo, a costruire una performance calibrata, per conquistare l'attenzione degli altri, a seconda del pubblico e dell'obiettivo.

Ci presentiamo come versioni idealizzate di noi stessi, curando ogni dettaglio del nostro profilo.

È come indossare una maschera, ma una maschera che può essere facilmente cambiata e adattata alle diverse situazioni.

La cultura dello swipe, incentrata sull'individualismo e sulla gratificazione immediata, ha un prezzo: indebolisce i legami sociali e comunitari.

Immersi nella cultura dell'immediato, i giovani delle nuove generazioni cercano una gratificazione istantanea in ogni ambito, compreso quello affettivo.

App come Tinder e OnlyFans hanno trasformato l'amore in un prodotto da consumare, influenzando le aspettative sulle relazioni e banalizzando l'intimità.

La continua ricerca di nuovi stimoli e la facilità con cui si instaurano e si interrompono i rapporti online hanno portato a una frammentazione delle relazioni e a una crescente difficoltà nel costruire legami profondi e duraturi.

Pur essendo connessi virtualmente, si sentono emotivamente distanti e isolati.

Questa alienazione digitale si riflette anche nel mondo del lavoro, dove i giovani sono più propensi a scegliere lavori flessibili e a breve termine, guidati dalle passioni e dalla ricerca di un senso superficiale della vita, piuttosto che dalla sola stabilità economica.

Goffman, sociologo del XX secolo, ci avvertiva già dei pericoli della manipolazione delle impressioni, sottolineando come la nostra identità sociale sia un costrutto sociale, plasmato dalle interazioni con gli altri. Nel mondo digitale, questo processo di costruzione identitaria è amplificato e accelerato, portandoci a porre sempre maggiore attenzione all'immagine che proiettiamo verso l'esterno, a scapito della nostra autenticità.

Le relazioni, spesso ridotte a semplici scambi di like e commenti, diventano fragili e transitorie come bolle di sapone, destinate a scoppiare alla prima brezza.

Sherry Turkle, nel suo libro "Insieme ma soli", ha evidenziato come la tecnologia, pur avvicinandoci virtualmente, ci stia allontanando sempre più a livello emotivo. Sui social media, costruiamo avatar perfetti, nascondendo le nostre fragilità e insicurezze.

Questa solitudine connessa si riflette anche all'interno delle famiglie, dove i membri, spesso avvolti in una sorta di "camouflage" digitale, si sentono incompresi e isolati.

La metafora di Gregorio Samsa nella "Metamorfosi" di Kafka può essere utile per comprendere questa sensazione di estraneità e di alienazione che molti giovani provano nei confronti delle proprie famiglie.

L'uso eccessivo delle tecnologie digitali comporta numerosi rischi, come sottolineano autori come Nicholas Carr, Shosana Zuboff e Douglas Rushkoff.

La frammentazione dell'attenzione, la dipendenza dalle notifiche e la costante ricerca di stimoli superficiali possono portare a una perdita di empatia insieme a una difficoltà nel costruire relazioni significative.

Nicholas Carr, nel suo "The Shallows, What the Internet Is Doing to Our Brains", ci avverte della superficialità del pensiero indotta da internet.

Shoshana Zuboff, invece, ha introdotto il concetto di "surveillance capitalism", evidenziando come le nostre vite digitali siano monetizzate dalle grandi aziende tecnologiche.

La raccolta e l'analisi dei nostri dati personali influenzano le nostre scelte e manipolano le nostre opinioni.

Douglas Rushkoff, con la sua visione critica, ha sottolineato i rischi connessi all'uso eccessivo delle tecnologie digitali, come l'isolamento sociale, l'ansia e la depressione.

L'ossessione per la connettività costante ci rende dipendenti dalle notifiche e ci impedisce di vivere il presente.

Inoltre, la generazione swipe si trova a dover affrontare i pericoli del "solutionism", ovvero la tendenza a credere che la tecnologia possa risolvere tutti i problemi della società, senza considerare le implicazioni sociali ed etiche, come ha sottolineato Evgeny Morozov.

La generazione swipe è più attiva politicamente e socialmente rispetto alle generazioni precedenti, utilizzando i social media per promuovere cause e creare movimenti.

C'è una maggiore diffidenza verso le istituzioni tradizionali e una preferenza per soluzioni alternative e decentralizzate.

Inoltre, si distingue per un approccio più fluido e meno vincolante alla vita, una forte connessione con il mondo digitale e una maggiore consapevolezza dei temi sociali. La tecnologia è parte integrante della loro vita quotidiana, utilizzata per comunicare, informarsi, lavorare e divertirsi.

La capacità di passare da un'attività all'altra, unita a un flusso continuo di informazioni e stimoli, li porta a navigare agilmente tra le diverse piattaforme digitali, svolgendo molteplici attività in contemporanea.

Questa fluidità, se da un lato arricchisce le loro esperienze e amplia le loro possibilità, dall'altro pone nuove sfide legate alla gestione del tempo, all'attenzione e alla privacy.

La tendenza al multitasking, tipica della Generazione Swipe, pur sembrando un'abilità preziosa, può in realtà compromettere la capacità di concentrarsi su un singolo compito e di elaborare in profondità le informazioni.

Inoltre, la dipendenza da smartphone e social network può portare a facile irritabilità, disturbi del sonno, ansia e depressione.

È innegabile che la tecnologia offra opportunità innumerevoli: dalla comunicazione globale alla possibilità di accedere a un'enorme quantità di informazioni, fino allo sviluppo di nuove forme di creatività e collaborazione.

Tuttavia, un uso eccessivo e acritico, e la stessa esposizione alla luce blu degli schermi, soprattutto a partire dall'infanzia, possono portare a dipendenza, isolamento sociale e difficoltà di concentrazione.

La psicologa Jane McGonigal ha sottolineato come i social media possano innescare un circolo vizioso di dipendenza, in cui la costante ricerca di approvazione e di nuove stimolazioni può portare a sensazioni di vuoto e insoddisfazione.

L'emotività travolgente dei mondi virtuali, a volte contrasta con la freddezza dei rapporti reali, creando una dissonanza che può incidere sul nostro benessere psicologico.

Trovare un equilibrio tra l'universo digitale e la realtà è essenziale per un benessere completo.

Come sottolineava Seymour Papert, pioniere dell'informatica educativa, la tecnologia può essere un potente strumento per facilitare l'apprendimento attivo e la costruzione della conoscenza, ma è fondamentale utilizzarla in modo consapevole e responsabile.

Le piattaforme digitali hanno rivoluzionato l'apprendimento, promuovendo una collaborazione attiva tra studenti e docenti in un ambiente dinamico e stimolante.

Grazie alle tecnologie digitali, l'apprendimento può essere adattato alle esigenze e ai ritmi di ciascun studente, rendendo l'educazione più coinvolgente ed efficace con l'attenzione a non sostituire completamente i metodi tradizionali.

Ad esempio, è consigliabile l'utilizzo del diario, la declamazione di poesie, l'elaborazione scritta, la pratica del grafismo dell'espressione artistica.

Internet offre un accesso quasi illimitato a una vasta gamma di risorse educative, consentendo agli studenti di approfondire qualsiasi argomento li interessi.

Tuttavia, è necessario produrre contenuti educativi di alta qualità, adatti alle diverse età e interessi degli studenti.

App e contenuti multimediali interattivi rendono l'apprendimento più stimolante e coinvolgente, favorendo una maggiore partecipazione degli studenti. I giovani, per realizzarsi al meglio hanno bisogno anche di coltivare altre abilità, come la capacità di relazionarsi con gli altri (teoria della mente), la perseveranza, descritta ampiamente da Angela Duckworth in "Grinta: potere della passione e della perseveranza", e, soprattutto, il contatto con il mondo fisico e corporeo.

È fondamentale educare i giovani a un uso consapevole e critico delle tecnologie digitali, affinché possano sfruttarne le potenzialità in modo responsabile.

Questo significa che i giovani imparino a cercare, valutare e utilizzare le informazioni in modo critico, a comunicare in modo efficace online e a proteggere la propria privacy.

Oltre allo schermo, è importante stimolare la creatività, la socializzazione e il contatto con la natura attraverso attività come lo sport, la lettura, la coltivazione di un orto insieme allo sviluppo delle relazioni interpersonali e dell'affettività.

Inoltre, sarebbe opportuno abituare i giovani a crescere e costruire la propria individualità sin dall'età di 7/8 anni abituandoli ad essere autonomi e non dipendenti dai genitori.

Attraverso esercizi di mindfulness e tecniche di gestione del tempo, i giovani possono imparare a concentrarsi su un singolo compito e a resistere alla tentazione di distrarsi, senza perdere di vista i valori fondamentali della vita.

Di fronte alla complessa scelta di quando e come introdurre i propri figli al mondo degli smartphone, sia per le famiglie benestanti che per quelle meno abbienti, è consigliabile un approccio graduale e monitorato.
Si potrebbe iniziare intorno agli 11-12 anni con un dispositivo di base, limitato alle chiamate e agli SMS, per poi consentire l'accesso a internet verso i 14-15 anni, sempre in un contesto concordato e supervisionato.
Nel frattempo, a partire dai 6-7 anni, i bambini potrebbero familiarizzare con il computer attraverso software educativi e giochi creativi, favorendo così una prima alfabetizzazione digitale in un ambiente sicuro e privo di connessioni alla rete.

2
Il Frame dell'identità nell'era digitale

L'identità è un costrutto sociale che si forma e si trasforma nelle interazioni con gli altri, sul palcoscenico della vita.

Nell'era digitale, l'identità è un mosaico fluido, costantemente plasmato dalle interazioni online e offline, dove fattori personali e sociali si intrecciano.

La generazione cresciuta con smartphone e social media ha un concetto di sé più fluido e malleabile rispetto alle generazioni precedenti.

L'esposizione costante a molteplici stimoli, la possibilità di costruire identità online multiple e la facilità con cui si possono modificare le proprie rappresentazioni digitali hanno un impatto significativo sulla formazione dell'Io.

L'ossessione per l'approvazione sociale e la ricerca dell'immagine perfetta hanno reso l'autostima fragile, spesso dipendente dal numero di like e follower.

L'aspetto fisico e l'immagine pubblica assumono un'importanza cruciale, plasmata dai filtri e dalle modifiche delle foto.

Questa continua costruzione e ricostruzione dell'identità online può avere conseguenze significative sul benessere psicologico e sulle relazioni familiari.

La paura del giudizio altrui, il confronto costante con gli altri e la difficoltà nel distinguere tra la propria vita reale e quella virtuale possono portare a sentimenti di insicurezza e fobie immotivate. Numerosi studi psicologici e sociologici si sono concentrati su questo tema, evidenziando sia le opportunità che i rischi connessi allo sviluppo identitario nell'era digitale.
Tra i principali autori e ricerche, possiamo citare Sherry Turkle, sociologa del MIT.
Nei suoi studi dedicati all'impatto delle tecnologie digitali sulle relazioni interpersonali e sullo sviluppo dell'identità, e in particolare nel libro "Alone Together" (2011), Turkle esplora come le nuove tecnologie stiano trasformando profondamente il modo in cui interagiamo con gli altri e con noi stessi.
Donath Boyd e altri sociologi dei media hanno condotto numerose ricerche sull'uso dei social media da parte degli adolescenti e dei giovani adulti, evidenziando come queste piattaforme influenzino significativamente la costruzione dell'identità, la formazione delle relazioni e il benessere psicologico.
I social media sono diventati il fulcro delle interazioni sociali, influenzando fortemente l'autostima, l'identità e la percezione di sé esaltando e dando la priorità all'immagine.
Da non sottovalutare, inoltre, il ruolo sempre più pressante dell'intelligenza artificiale, che permette la creazione di avatar sempre più realistici e personalizzabili, in grado di rappresentare versioni idealizzate o completamente alternative di noi stessi.
Questo solleva importanti interrogativi sulla natura dell'identità e sui confini tra il reale e il virtuale.

L'IA può essere utilizzata per creare contenuti falsi estremamente realistici, come video o immagini manipolate.

Questo fenomeno solleva preoccupazioni sulla veridicità delle informazioni e sulla possibilità di manipolare l'opinione pubblica, minacciando la nostra capacità di distinguere tra realtà e finzione.

Le chatbots e gli assistenti virtuali basati sull'IA stanno diventando sempre più sofisticati, offrendo un senso di compagnia e connessione.

Tuttavia, queste interazioni possono influenzare le nostre aspettative nelle relazioni umane e portare a forme di dipendenza emotiva.

Sui social media, l'anonimato e la facilità di diffusione dei contenuti amplificano l'impatto dell'hate speech, forma di comunicazione che esprime odio, discriminazione o violenza nei confronti di un individuo o di un gruppo sociale sulla base della loro razza, etnia, religione, orientamento sessuale, genere, disabilità o altre caratteristiche identitarie.

L'algoritmo dei social media tende a mostrare agli utenti contenuti simili a quelli che hanno già visto, creando delle "echo chambers" (camere dell'eco) che rafforzano le proprie convinzioni e aumentano la polarizzazione, rendendo più difficile per le vittime difendersi. L'esposizione all'hate speech può normalizzare comportamenti offensivi e violenti, incoraggiando altri utenti a partecipare.

Molti genitori soffrono per la difficoltà nell'esercitare il loro ruolo e non riescono a trovare il giusto equilibrio per essere autorevoli nei confronti dei figli, non solo adolescenti ma anche dei più piccoli.

Recenti episodi di cronaca, come l'efferato delitto familiare del diciassettenne di Paderno Dugnano, vengono analizzati sotto il profilo del "camouflaging", un circolo vizioso autoalimentante, come ha fatto la psichiatra Liliana Dell'Osso.

In realtà, è verosimile che l'apparente famiglia per bene vivesse in un limbo di apparenze quotidiane e fosse frammentata nelle relazioni e nella condivisione emotiva.

Infine, la costante esposizione a modelli di bellezza e successo irraggiungibili sui social media può generare sentimenti di inadeguatezza e insicurezza.

Il confronto sociale perpetuo, alimentato dagli algoritmi che propongono contenuti sempre più personalizzati, erode l'autostima e può portare a disturbi del comportamento alimentare e a una percezione distorta della propria immagine corporea.

Questo fenomeno, noto come "disturbo da uso di internet" o "fear of missing out" (FOMO), è oggetto di crescente preoccupazione tra gli esperti.

3
La FoMO digitale: prigionieri dell'istante, timore di essere esclusi

Nell'era digitale, siamo sommersi da un flusso ininterrotto di informazioni e immagini.

I nostri smartphone, sempre a portata di mano, ci connettono a un mondo virtuale in perenne fermento.

Quanti di noi, la sera prima di addormentarsi, scorrono inesorabilmente i feed dei social, nella speranza di trovare quella scintilla di felicità che manca nella propria vita?

E quanti si svegliano al mattino con la sensazione di aver perso qualcosa di importante?

La FoMO, ovvero la paura di perdersi qualcosa di importante, è diventata un'epidemia del nostro tempo.

Coniato da Patrick McGinnis, questo termine descrive l'ansia di essere tagliati fuori da esperienze piacevoli che gli altri stanno vivendo.

Nei social media, questa paura si amplifica esponenzialmente. Ogni notifica, ogni aggiornamento, ci proietta in una realtà parallela, dove le vite degli altri sembrano sempre più perfette e avventurose.

Questa costante ricerca della felicità altrui ci porta a trascurare la nostra e a vivere in uno stato di insoddisfazione cronica.

Siamo intrappolati in una spirale di confronti costanti, dove l'immagine di noi stessi viene continuamente messa a confronto con quella degli altri.

La FoMO, in psicologia, può essere classificata come una nuova forma di ansia, sempre più diffusa soprattutto tra le giovani generazioni.

Sebbene non sia ancora riconosciuta come disturbo specifico nel DSM-5, è strettamente legata all'uso massiccio dei social network.

Si parla infatti di "digital FOMO", ovvero la paura di perdersi qualcosa di importante, scatenata dall'esposizione costante alle vite apparentemente perfette degli altri sui social media.

I filtri e le pose studiate creano un'illusione di perfezione che è difficile da raggiungere, alimentando in noi un senso di inadeguatezza.

Questa vetrina digitale ci spinge a un confronto costante, dove raramente ci sentiamo all'altezza.

La paura di essere esclusi da esperienze piacevoli diventa un'ossessione, trasformando la nostra vita in una continua ricerca dell'emozione successiva.

Le origini della FOMO affondano in un contesto sociale sempre più frenetico e competitivo, caratterizzato dall'ossessione per il successo immediato e la ricerca costante di nuove esperienze.

I social media, con i loro flussi continui di aggiornamenti, amplificano questa sensazione, proiettandoci in una realtà distorta dove tutti sembrano vivere esperienze più entusiasmanti delle nostre.

Questo confronto costante con le vite apparentemente perfette degli altri può scatenare un circolo vizioso di controllo compulsivo dei dispositivi, generando ansia e insoddisfazione.

La dipendenza dai social media, alimentata dalla FOMO, può avere conseguenze significative sulla nostra salute mentale e sul nostro benessere.
Ansia, stress, disturbi del sonno, isolamento sociale e difficoltà a concentrarsi sono solo alcuni dei sintomi più comuni.
La vita è fatta di momenti unici, irripetibili.
Invece di inseguire un'illusione di perfezione, concentriamoci su ciò che abbiamo e su ciò che ci rende felici. Impariamo ad apprezzare le piccole cose, a coltivare le nostre relazioni e a vivere pienamente il presente, accettando l'imperfezione.
Solo così potremo liberarci dalla paura di essere esclusi e ritrovare la serenità.
Il nostro tempo è una risorsa preziosa, da suddividere tra diverse attività per trovare un equilibrio.
Per riprendere il controllo della nostra vita digitale e ritrovare la serenità, possiamo adottare alcune strategie: concediamoci delle pause dai social media, dedicandoci ad attività che ci piacciono e che ci consentono di staccare la spina. Investiamo tempo ed energie nelle relazioni con le persone che amiamo, costruendo legami autentici e significativi.
Dedichiamo del tempo alle nostre passioni, che ci permetteranno di sentirci realizzati e soddisfatti.
Immaginiamo la vita come un'arancia, dove ogni spicchio rappresenta un'area importante della nostra esistenza: famiglia, lavoro, amicizie, tempo libero, studio, attività sportiva, volontariato. Trovare un equilibrio tra queste diverse sfere ci aiuterà a vivere una vita più appagante.

4
Oltre la FoMO: un caleidoscopio di ansie digitali

La paura di essere esclusi, la FoMO, ha aperto le porte a un universo di ansie digitali, ciascuna con le sue sfumature e peculiarità.

Un vero e proprio caleidoscopio di paure che si riflette in una miriade di acronimi, descrivendo le nostre preoccupazioni più profonde legate al mondo virtuale.

La FODA (Fear Of Doing Anything) rappresenta la paralisi da eccesso di scelta, quella sensazione di essere bloccati di fronte a infinite possibilità, incapaci di decidere per paura di sbagliare.

Come sosteneva Barry Schwartz nel suo "Il paradosso della scelta", troppe opzioni possono paralizzare anziché liberare.

La MOMO (Mystery Of Missing Out) è l'angoscia di non sapere cosa si stia perdendo, un po' come nel mito della caverna di Platone: intrappolati nella nostra bolla digitale, ci chiediamo cosa stia accadendo al di là dello schermo.

La FOJI (Fear Of Joining In) è la paura del giudizio altrui, quella sensazione di non essere all'altezza, di non appartenere.

Un po' come il personaggio di Dorian Gray, che temeva l'esposizione della sua vera natura.

La NOMO (No Mobile) è l'ansia da disconnessione, la paura di perdere un messaggio importante, di essere tagliati fuori dalla rete sociale.

Senza il nostro dispositivo, ci sentiamo soli e abbandonati, come naufraghi su un'isola deserta.

A queste si contrappongono concetti come la JOMO (joy of missing out), ovvero la gioia di staccare la spina e godersi il momento presente, e la YOLO (You Only Live Once), che invita a vivere senza rimpianti.

Tuttavia, quest'ultima, se intesa in modo superficiale, può portare a comportamenti impulsivi e poco ponderati, come ammoniva il filosofo Epicuro: "*Il piacere non sta nel possedere molto, ma nell'aver bisogno di poco*".

Il legame con l'ADHD

Recenti studi hanno evidenziato un possibile legame tra la FOMO e l'ADHD.

Nelle persone con questo disturbo del neuro sviluppo, caratterizzato da difficoltà di attenzione e iperattività, il rischio di sperimentare la FOMO sembra essere maggiore.

Si ipotizza che la difficoltà a regolare le emozioni e la tendenza alla distrazione possano predisporre individui con ADHD a provare un'ansia più intensa di essere esclusi.

5
L'albero dell'innamoramento

"L'amore è un sentimento che cresce con il tempo, come un albero che mette radici sempre più profonde."
Kahlil Gibran

Un incontro casuale, uno sguardo che si incrocia, può innescare una reazione a catena di emozioni e sensazioni, dando vita a una storia d'amore o in un lago stagnante.

L'innamoramento è un'esperienza universale, un'odissea emotiva che ci travolge tutti almeno una volta nella vita. È un viaggio complesso, unico per ognuno di noi, fatto di alti e bassi, di gioie e dolori.

Un percorso scandito da un percorso evolutivo e non da tappe ben precise, plasmato da una vera e propria orchestra di messaggeri chimici nel nostro cervello che ne definiscono le sfumature e le intensità in un un intricato balletto di molecole e circuiti neurali.

Il nostro cervello, durante l'innamoramento, subisce un profondo rewiring.

Si attivano circuiti associati alla ricompensa, alla motivazione e all'attaccamento, facendoci provare un'euforia intensa, simile all'ossessione di Noah per Allie in The Notebook.

La nostra mente è in costante allerta, pronta a cogliere ogni segnale del nostro oggetto del desiderio, come un personaggio di un romanzo alla ricerca di un indizio cruciale.

Man mano che la relazione si consolida, l'intensità iniziale lascia spazio a un sentimento più profondo e rassicurante.

La passione, l'intimità e l'impegno si intrecciano, creando un legame solido e duraturo.

È come il nido accogliente che Elizabeth Bennet e Mr. Darcy costruiscono in Orgoglio e Pregiudizio, dopo aver superato le iniziali diffidenze.

L'innamoramento è un'esperienza talmente potente da farci perdere la testa, come accade a Romeo e Giulietta.

L'amore, in questi casi, supera ogni ostacolo, trasformandosi in una passione travolgente.

Come scrive Helen Fisher, "*L'innamoramento è come un'ossessione, un desiderio incontrollabile di un'altra persona*". È un'esperienza universale, che attraversa culture e secoli.

Il ciclo dell'innamoramento è un continuo divenire.

Le emozioni, le esperienze e i cambiamenti della vita influenzano l'intensità e la qualità del legame di coppia.

Come affermava Erich Fromm, "*L'amore non è qualcosa che si trova, ma qualcosa che si crea*".

Il cervello, nel tempo, si adatta a questa intensa emotività, e l'innamoramento si trasforma in un sentimento più profondo e stabile.

Subentra l'attaccamento, caratterizzato da una sensazione di calma e benessere, come un'endorfina naturale che ci avvolge in fiumi di intenso amore.

Si parla di un albero che cresce, di un processo unico che non si può dividere matematicamente o geometricamente in fasi, che inizia con l'attrazione e prosegue in "un divenire di vissuti ed emozioni" dove le radici rappresentano le fondamenta del rapporto, i valori condivisi, la fiducia reciproca:

Le radici tengono saldo l'albero anche durante le tempeste della vita.

Il Tronco simboleggia la forza del legame, la crescita comune e la capacità di affrontare insieme le sfide:

il sostegno che permette all'albero di raggiungere nuove vette.

Ogni ramo ha una sua importanza e contribuisce alla bellezza dell'intero albero.

I rami rappresentano le diverse sfaccettature dell'amore:

la passione, l'intimità, il rispetto, la complicità.

Le foglie simboleggiano i momenti di gioia, le piccole attenzioni, le parole d'affetto che nutrono l'amore:

dettagli che rendono unico ogni rapporto.

I frutti rappresentano i risultati della relazione, i figli, i progetti condivisi, le esperienze vissute insieme:

sono il frutto dell'amore, un segno tangibile della sua crescita.

6

Innamoramento come dipendenza

"L'amore è una droga naturale più potente di qualsiasi altra cosa creata in un laboratorio."

Helen Fisher

L'innamoramento, spesso paragonato a una dipendenza, attiva gli stessi circuiti cerebrali coinvolti nelle dipendenze da sostanze. Questa analogia spiega perché le rotture amorose possano essere così dolorose. I neuroscienziati Andreas Bartels e Semir Zeki hanno condotto studi pionieristici sull'attivazione cerebrale durante l'innamoramento, utilizzando tecniche di neuroimaging come la fMRI, dimostrando come l'amore romantico attivi le stesse aree del cervello coinvolte nella ricompensa e nel desiderio.

Numerosi studi, basati su questa tecnica e sugli animali, confermano l'attivazione di circuiti neurali comuni.

Sia l'innamoramento che le dipendenze stimolano intensamente il sistema dopaminergico, generando una sensazione di euforia e un forte desiderio di ripetere l'esperienza.

Le ricerche di Kent Berridge hanno contribuito a chiarire come la dopamina sia coinvolta sia nell'innamoramento che nelle dipendenze.

L'azione sarebbe unica ma i suoi effetti dipendono dalla sede dell'azione, dall'area del cervello coinvolta dalla sostanza, per cui si avrebbero effetti sia positivi che negativi.

In questo contesto è da riconsiderare il ruolo, legato all'attrazione immediata, della feniletilamina, neurotrasmettitore responsabile della sensazione di euforia, simile a quella legata agli effetti delle droghe.

Con il tempo, l'intensità delle emozioni amorose tende a scemare, richiedendo stimoli sempre più forti per essere riprovate.

Questo meccanismo, noto come PLUS-DE-JOUIR, spiega la continua ricerca di novità nelle relazioni e la difficoltà a trovare una soddisfazione duratura.

La separazione dal partner, in questi casi, può scatenare reazioni simili all'astinenza, rivelando la natura quasi "addictiva" dell'innamoramento.

Le persone coinvolte possono mostrare comportamenti ossessivi, come la ricerca costante dell'altro, nel tentativo di recuperare l'oggetto del loro desiderio e ripristinare il godimento perduto.

Nonostante queste similitudini, l'innamoramento non è di per sé una patologia.

Tuttavia, può degenerare in una dipendenza affettiva, caratterizzata da un bisogno ossessivo di approvazione, comportamenti controllanti e l'incapacità di costruire relazioni sane e durature.

In questo caso, il partner viene idealizzato e visto come fonte di un potere assoluto.

Distinguere un innamoramento sano da una dipendenza affettiva è fondamentale per il benessere personale.

Le cronache giornalistiche sono piene di esempi di relazioni tossiche, caratterizzate da un alternarsi di momenti di passione e violenza. Queste dinamiche possono essere interpretate alla luce del concetto di jouissance, come teorizzato da Lacan e Slavoj Žižek.

Questa situazione emotiva indica un godimento che va oltre il piacere, spesso legato alla sofferenza e alla trasgressione.

Nelle relazioni amorose, si manifesta nella ricerca di un piacere che è al tempo stesso doloroso, un piacere perverso che trova soddisfazione nella trasgressione e nella sfida.

7

Il cervello innamorato

L'amore, spesso celebrato come una forma di follia, trova ora una solida base scientifica nelle neuroscienze. Da sempre l'uomo si è chiesto dove risiedesse l'amore, in quale parte del corpo si annidassero quei sentimenti così complessi e potenti. Grazie alle moderne tecniche di neuroimaging, come la già citata risonanza magnetica funzionale (fMRI), oggi possiamo finalmente svelare i misteri del cervello innamorato.

Quando siamo innamorati, diverse aree del cervello si attivano in un'intricata danza.

Alcune di queste regioni, come l'ipotalamo e il corpo striato, sono situate nelle profondità del cervello, mentre altre si trovano nella corteccia cerebrale, la parte più esterna e evoluta.

Insieme, queste aree costituiscono il cosiddetto "cervello emotivo".

L'ipotalamo, una piccola regione situata alla base del cervello, svolge un ruolo fondamentale nella regolazione delle emozioni e degli istinti.

Quando siamo innamorati, l'ipotalamo si attiva in modo intenso, rilasciando una serie di neurotrasmettitori, come la dopamina, che ci fanno provare sensazioni di piacere e euforia.

Nucleo accumbens: questa area è associata al sistema di ricompensa e al piacere, e viene attivata dal rilascio di dopamina.

Area tegmentale ventrale (VTA) è una regione del mesencefalo che produce dopamina e invia proiezioni al nucleo accumbens.

L'insula e il corpo striato sono altre due regioni chiave coinvolte nell'innamoramento.

L'insula ci aiuta a percepire il nostro corpo e le nostre emozioni, mentre il corpo striato è associato al piacere e alla ricompensa.

Queste due aree lavorano insieme per trasformare il desiderio sessuale in un sentimento più profondo e duraturo, come l'amore romantico.

L'euforia, la perdita di giudizio e l'ossessione che accompagnano l'innamoramento trovano una spiegazione nei complessi meccanismi che si attivano nel nostro cervello.

Durante l'innamoramento si verifica una disattivazione di alcune aree cerebrali cruciali per il giudizio e la paura.

La corteccia prefrontale, sede delle funzioni cognitive superiori come il giudizio, la pianificazione e il controllo degli impulsi, subisce una temporanea disattivazione durante l'innamoramento.

Questo spiega perché, quando siamo innamorati, tendiamo a idealizzare il nostro partner, a trascurare i suoi difetti e a prendere decisioni impulsive.

Questa temporanea messa in stand-by ci permette di idealizzare il nostro partner e di prendere decisioni che altrimenti considereremmo irrazionali.

La disattivazione della corteccia frontale ci permette quindi di vivere l'innamoramento in modo più intenso e passionale.

È come se mettiamo da parte i nostri giudizi razionali per immergerci completamente nell'emozione del momento.

Tuttavia, questa sospensione del giudizio può portare a prendere decisioni avventate o a sottovalutare i potenziali rischi di una relazione.

Allo stesso modo, l'amigdala, l'allarme antincendio del nostro cervello, si disattiva, rendendoci meno cauti e più propensi a correre rischi per amore.

Questa riduzione della paura ci permette di avvicinarci alla persona amata senza filtri, abbandonandoci completamente all'emozione.

Questa apparente "follia" ha una sua logica evolutiva.

La sospensione del giudizio e la riduzione della paura ci permettono di creare legami affettivi forti e duraturi, fondamentali per la sopravvivenza della specie.

In fondo, l'amore è un potente strumento di unione e di procreazione.

È importante sottolineare che la sospensione del giudizio durante l'innamoramento non è totale e indiscriminata.

Siamo ancora in grado di valutare razionalmente altre situazioni della nostra vita, come un progetto lavorativo o un problema da risolvere.

La nostra capacità di giudizio viene semplicemente "anestetizzata" in relazione alla persona amata.

8

L'attrazione

Una reazione spontanea, scintilla iniziale, connessione istintiva che nasce tra due persone.
Può essere fisica, emotiva o intellettuale, e spesso si manifesta in modo inatteso.
È un po' come un fulmine a ciel sereno: potente, incontrollabile e capace di travolgere.
È spesso difficile da controllare e prevedere.
Può essere il fondamento su cui si costruiscono relazioni durature e significative.

9

Dietro lo sguardo

"L'amore non guarda con gli occhi, ma con l'anima."
William Shakespeare

Dietro quel brivido che ci scossa quando incrociamo lo sguardo di qualcuno si cela un'intricata alchimia di fattori, un cocktail biologico, psicologico e culturale.

L'attrazione, spesso avvolta nel mistero, è in realtà il frutto di un meccanismo complesso che la nostra mente e il nostro corpo mettono in atto per guidarci verso connessioni profonde.

Una parte importante di questa equazione è scritta nel nostro DNA. La selezione naturale ci ha dotati di un istinto profondo: cercare partner che aumentino le nostre possibilità di trasmettere i nostri geni alle future generazioni.

Ecco perché tendiamo a essere attratti da caratteristiche fisiche associate alla salute e alla fertilità, segnali inconsci di un buon patrimonio genetico.

Le nostre esperienze personali, come un'impronta sulla neve, modellano i nostri gusti e le nostre preferenze.

Ciò che consideriamo attraente è spesso legato a ricordi felici, a modelli interiorizzati durante l'infanzia e alle relazioni significative che abbiamo vissuto.

Ognuno di noi porta con sé un bagaglio unico di esperienze che colorano il modo in cui percepiamo gli altri, come un prisma che scompone la luce in infinite sfumature.

La cultura in cui viviamo è come uno specchio che riflette i nostri desideri e le nostre aspettative.

I canoni di bellezza, i ruoli di genere e gli ideali romantici trasmessi dai media plasmano il nostro modo di vedere noi stessi e gli altri.

Ciò che oggi consideriamo attraente potrebbe essere molto diverso da ciò che era considerato tale in passato, mostrandoci come la nostra percezione dell'amore sia in continua evoluzione, come un'onda che si infrange sulla riva e si ritira, lasciando dietro di sé tracce indelebili.

Non sempre sappiamo esattamente cosa ci attrae in un'altra persona.

A volte è una scintilla, un'intesa che va oltre le parole, un po' come il concetto di *serendipity* caro a Horace Walpole: la felice scoperta del caso. L'attrazione non è statica, ma si evolve nel tempo.

Ciò che ci attrae all'inizio di una relazione può cambiare con l'esperienza e la conoscenza reciproca, come un vino che si affina con il passare degli anni.

L'attrazione ha il potere di motivare, ispirare e cambiare la nostra vita.

È una forza potente che trascende le relazioni romantiche, influenzando le nostre amicizie, le nostre scelte professionali e la nostra interazione con il mondo che ci circonda.

10
I volti dell'attrazione

L'attrazione, quel magnetismo che ci spinge verso gli altri, è un fenomeno complesso e sfaccettato, un mosaico di elementi in continua evoluzione. Come un caleidoscopio, muta e si trasforma continuamente, offrendo ogni volta un'immagine unica e affascinante.

L'attrazione fisica, la prima a catturarci, è come una porta che si apre, un biglietto da visita sulla conoscenza reciproca.

Influenzata da fattori culturali, sociali e individuali, è una sorta di istinto primordiale che ci guida verso ciò che percepiamo come bello e sano.

Questa reazione istintiva e complessa si manifesta in molteplici modi, spesso attraverso il linguaggio non verbale del corpo.

Un contatto visivo prolungato e intenso, un sorriso sincero e aperto, una mimica facciale che tradisce un'emozione positiva sono tutti segnali inequivocabili di interesse.

La posizione del corpo, orientata verso la persona desiderata, e i gesti inconsci come toccarsi i capelli o sistemarsi i vestiti, rivelano un desiderio di fare una buona impressione.

A livello fisiologico, l'attrazione può manifestarsi con un battito cardiaco accelerato, una leggera sudorazione e quella sensazione di "farfalle nello stomaco" che tutti conosciamo.

A livello comportamentale, si traducono in una ricerca di prossimità, in un'attenzione focalizzata sull'altra persona, in una loquacità inusuale e, talvolta, in un sentimento di gelosia.

È importante ricordare che questi segnali possono variare da persona a persona e che non sempre sono indicativi di un'attrazione reciproca.

L'attrazione intellettuale, invece, è un legame più profondo, basato sulla stimolazione mentale e sulla condivisione di interessi. Conversazioni profonde e stimolanti sono il carburante che alimenta questo tipo di connessione, come scriveva Voltaire: "Trova una persona con cui parlare di tutto e con cui tacere di tutto".

L'attrazione emotiva, la più duratura e significativa, va oltre l'aspetto fisico e l'intelletto.

Si basa sulla connessione emotiva, sull'empatia e sulla comprensione reciproca, come un abbraccio che scalda l'anima.

È il collante che unisce le persone nel tempo, come cantava Leonard Cohen: *"There is a crack in everything. That's how the light gets in."*

L'attrazione sessuale, infine, è un desiderio fisico intenso e incontrollabile.

Può essere presente o meno in combinazione con gli altri tipi di attrazione, ma è un elemento potente che può intensificare un legame.

Numerosi studi hanno approfondito i meccanismi dell'attrazione, rivelando un intreccio complesso di fattori biologici, psicologici e sociali.

Le persone tendono a essere attratte da coloro che condividono con loro valori, interessi e background socio-economico, un fenomeno noto come "assortative mating".

Inoltre, l'attrazione è spesso reciproca: tendiamo a essere attratti da coloro che dimostrano interesse per noi, un principio che rispecchia il detto *"l'amore si fa in due"*.

Alcuni studi suggeriscono anche che i feromoni, sostanze chimiche prodotte dal corpo, possano influenzare l'attrazione sessuale, agendo su un livello inconscio e primitivo, come un richiamo ancestrale.

11
Un viaggio che evolve nel tempo

Come un camaleonte che cambia colore a seconda dell'ambiente, l'attrazione muta e si adatta ai diversi stadi dell'esistenza, plasmando le nostre relazioni e le nostre esperienze affettive.

L'adolescenza, un periodo di turbolenze e scoperte, è caratterizzata da un'attrazione intensa e spesso idealizzata.

I cambiamenti ormonali e la ricerca di identità fanno sì che l'aspetto fisico e la novità siano gli elementi predominanti.

È come se l'adolescente fosse un esploratore alla scoperta di un mondo nuovo, dove ogni incontro è un'avventura.

Nell'età adulta, l'attrazione si arricchisce di nuove sfumature. L'aspetto fisico, pur rimanendo importante, lascia spazio a una ricerca più profonda, basata sulla compatibilità caratteriale, sulla condivisione di valori e progetti di vita.

"L'amore maturo non cerca un appoggio, ma un compagno di viaggio", Erich Fromm.

Con l'avanzare dell'età, l'attrazione si trasforma ulteriormente. L'esperienza, la saggezza e la maturità emotiva portano a valorizzare altri aspetti della relazione, come la complicità, l'affetto e la stima reciproca.

L'amore diventa un porto sicuro, un rifugio dove trovare conforto e comprensione. Anche nella terza età, l'attrazione può continuare a fiorire, assumendo forme nuove e inaspettate.
Molte persone anziane instaurano nuove relazioni affettive, basate su interessi comuni, affinità di carattere e desiderio di compagnia.
Pablo Neruda: *"Me piacerà la tua rughe, il tuo lento sorriso, tutto ciò che in te sarà solo tuo"*.

12

Fattori che influenzano l'attrazione nelle diverse fasi della vita

I nostri ormoni, i nostri geni, la nostra fisiologia influenzano in modo profondo i nostri desideri e le nostre preferenze che si intrecciano tra loro in modo intricato.

Come scriveva Sigmund Freud, **"L'amore, come tutte le altre pulsioni, ha la sua radice nella biologia"**.

Talvolta entrano in gioco le nostre esperienze passate.

Le relazioni che abbiamo vissuto, i traumi subiti, le aspettative che abbiamo sviluppato nel corso della vita influenzano profondamente il modo in cui percepiamo gli altri e ciò che cerchiamo in una relazione.

Carl Jung ci ricorda che "Tutto ciò che ci irrita negli altri ci conduce alla comprensione di noi stessi".

Siamo esseri sociali!

La cultura in cui viviamo, le norme sociali e i modelli di relazione prevalenti nel nostro ambiente plasmano le nostre scelte e le nostre aspettative.

Émile Durkheim ci ha insegnato che "La società è un organismo vivente, e noi ne siamo le cellule".

Infine, la nostra personalità unica, con i suoi punti di forza e di debolezza, determina i tipi di persone verso cui siamo naturalmente attratti.

Come affermava Carl Rogers, *"L'unico uomo che tu conosca veramente sei tu stesso, e anche lui solo in modo imperfetto"*.

L'attrazione è un viaggio affascinante che ci porta alla scoperta di noi stessi e degli altri.

È un fenomeno multifattoriale, influenzato da una complessa interazione tra biologia, psicologia, sociologia e personalità.

"L'amore è il fuoco che brucia senza consumare", un sentimento potente e misterioso che continua a affascinarci. André Breton.

13
La legge dell'attrazione: coltivare il giardino dei desideri

"Il segreto è non correre dietro alle farfalle… è curare il giardino perché esse vengano da te."

Mário Quintana

Così scriveva il poeta brasiliano Mário Quintana, esprimendo un concetto che ritroviamo nella legge dell'attrazione.

Alessandro Da Col e Alessandro Pancia, mental coach dello studio "Academy", sostengono che i nostri pensieri positivi e le nostre emozioni agiscono come potenti magneti, attirando nella nostra vita ciò che desideriamo.

Immaginiamo la mente come un giardino: se lo coltiviamo con semi di amore, positività e visualizzazioni, vedremo sbocciare relazioni appaganti e soddisfazioni profonde. Al contrario, se lo lasciamo invadere da pensieri negativi e dubbi, cresceranno solo erbacce.

La legge dell'attrazione non è una bacchetta magica, ma un percorso che richiede consapevolezza e pratica.

Un concetto fondamentale è quello del distacco: desiderare profondamente ciò che vogliamo, ma senza esserne ossessionati.

È come lanciare una richiesta nell'universo e poi fidarsi
che troverà il modo di esaudirla.
Il distacco non è indifferenza, ma piuttosto una fiducia
profonda nel processo.
 È come un pescatore che getta la lenza in mare,
sapendo che se c'è un pesce pronto a mordere, lo
prenderà.

14

Attrazione e Teoria dell'Eccitazione

L'eccitazione fisiologica, come quella provocata da un'attività avventurosa, può ingannarci e farci attribuire erroneamente l'origine di un'emozione.

Questa può essere causata da una varietà di fattori, come l'esercizio fisico, lo stress, o persino il caffè.

È una risposta non specifica, ovvero il nostro corpo reagisce in modo simile a stimoli diversi.

La teoria dell'eccitazione cerca di spiegare questo fenomeno. In sostanza, sostiene che le nostre emozioni sono il risultato dell'interazione tra uno stato di attivazione fisiologica e la nostra interpretazione cognitiva della situazione.

Spesso, quando proviamo un'eccitazione, cerchiamo una causa a cui attribuirla. Se siamo in un contesto romantico, potremmo interpretare questa attivazione come attrazione per l'altra persona.

L'eccitazione può intensificare i sentimenti romantici, ma può anche portare a malintesi se viene attribuita alla persona sbagliata

Il classico esperimento del "ponte sospeso" lo dimostra: i partecipanti che attraversavano un ponte traballante e incontravano una persona attraente alla fine tendevano a sentirsi più attratti da lei rispetto a coloro che attraversavano un ponte solido.

L'eccitazione causata dal ponte veniva erroneamente attribuita all'incontro.

Allo stesso modo, dopo aver aver visto un film dell'orrore, potremmo provare un'attrazione più intensa per qualcuno che ci piace, poiché l'eccitazione causata dalla paura viene trasferita alla persona amata.

Tuttavia, la teoria dell'eccitazione ha i suoi limiti.

Non spiega tutte le emozioni, e l'attribuzione delle cause può essere soggetta a errori. Inoltre, l'eccitazione è solo uno dei fattori che influenzano le nostre emozioni, insieme alle nostre esperienze passate e alle nostre convinzioni.

Stanley Schachter e Jerome Singer, pionieri della psicologia sociale, considerati i padri della teoria bifattoriale dell'emozione, un'interpretazione della teoria dell'eccitazione, condussero un famoso esperimento per approfondire questa teoria.

Somministrarono dell'adrenalina a un gruppo di partecipanti, poi li misero in situazioni sociali diverse: alcuni incontrarono un complice che si comportava in modo euforico, altri uno che si comportava in modo arrabbiato.

I risultati furono chiari: i partecipanti tendevano a interpretare la loro eccitazione fisiologica in base al comportamento della persona con cui interagivano. In altre parole, attribuivano la loro eccitazione alla situazione sociale.

Questi studi evidenziano come le nostre emozioni siano spesso il risultato di un'interpretazione soggettiva delle nostre reazioni fisiologiche, influenzata dal contesto sociale e dalle nostre esperienze passate.

Un altro importante contributo alla teoria dell'eccitazione è stato dato da Dolf Zillmann, che si è concentrato in particolare sul ruolo dell'arousal sessuale.

Zillmann ha proposto il concetto di "trasferimento dell'eccitazione", secondo cui l'eccitazione fisiologica generata da una fonte può essere erroneamente attribuita a un'altra, modificando così le nostre emozioni.

Ampliando la teoria di Schachter e Singer, Zillmann ha suggerito che l'arousal sessuale, inizialmente provocato da uno stimolo neutro, può essere trasferito e attribuito a un altro stimolo presente nella situazione.

Questo fenomeno spiegherebbe perché a volte proviamo un'attrazione più intensa per qualcuno dopo aver sperimentato un'attività eccitante, come fare sport o guardare un film emozionante.

Le ricerche di Zillmann hanno avuto un impatto significativo sulla comprensione di fenomeni come l'aggressività, l'attrazione romantica e l'impatto dei media sulle emozioni.

Per supportare le sue teorie, Zillmann ha condotto numerosi esperimenti.

In uno studio particolarmente noto, ha dimostrato che i partecipanti che avevano fatto esercizio fisico (e quindi si trovavano in uno stato di arousal) valutavano le donne più attraenti rispetto a quelli che non avevano fatto esercizio.

Tuttavia, come ogni teoria, anche quella di Zillmann presenta dei limiti.

Alcuni critici hanno sottolineato che il trasferimento dell'eccitazione potrebbe non essere sempre così diretto e semplice come proposto. Altri fattori, come le caratteristiche individuali e il contesto sociale, possono influenzare il modo in cui interpretiamo la nostra eccitazione.

15

Le differenze culturali

"Non esiste un modo giusto o sbagliato di amare; ci sono molti modi diversi di amare."

Margaret Mead

L'attrazione è un fenomeno universale, ma la sua espressione e percezione sono profondamente influenzate dalla cultura di appartenenza.

Comprendere queste differenze ci aiuta a essere più consapevoli di noi stessi e degli altri, e a costruire relazioni più significative e rispettose.

Ogni cultura ha i suoi canoni estetici, un ideale di bellezza che modella i nostri desideri. In alcune culture, si preferiscono donne con forme morbide, come le Venere di Botticelli, mentre in altre si privilegiano figure più snelle, come le modelle delle passerelle.

I ruoli di genere e le aspettative sociali influenzano profondamente il modo in cui uomini e donne esprimono e percepiscono l'attrazione.

In alcune culture, come quella giapponese, la modestia e la riservatezza sono altamente valorizzate, mentre in altre, come quella brasiliana, l'espressività e la passione sono più evidenti.

I valori e le credenze culturali influenzano i tipi di relazioni che consideriamo desiderabili.

Alcune culture valorizzano le relazioni basate sull'amore romantico, come nell'ideale dell'amore cortese medievale, mentre altre danno maggiore importanza alla famiglia e alle alleanze sociali, come nelle società tradizionali africane.

Le usanze e le tradizioni culturali plasmano i rituali dell'amore e della seduzione. In molte culture orientali, il matrimonio è spesso organizzato dalle famiglie, mentre in Occidente prevale l'idea dell'amore romantico come base per la scelta del partner.

La sessualità è un altro aspetto profondamente influenzato dalla cultura. In alcune culture, la sessualità è vista come un tabù, mentre in altre è celebrata come una parte naturale della vita.

Come affermava Sigmund Freud, "La civiltà si costruisce sulla rinuncia alla soddisfazione pulsionale".

Le differenze culturali possono rappresentare una sfida nelle relazioni interculturali, ma possono anche essere un'opportunità per arricchire la propria esperienza e ampliare i propri orizzonti.

È importante evitare di generalizzare e di creare stereotipi basati sulla cultura di appartenenza.

Ogni individuo è unico e le sue esperienze sono influenzate da una molteplicità di fattori.

"La cultura è la lente attraverso cui vediamo il mondo", Edward T. Hall

16
L'attrazione nelle relazioni a distanza

"La distanza non separa gli amanti, l'indifferenza sì."
André Maurois

L'amore ha bisogno della prossimità fisica per fiorire. L'attrazione nelle relazioni a distanza è una realtà, un legame che sfida lo spazio e il tempo. Sebbene la lontananza possa sembrare un ostacolo insormontabile, la connessione emotiva che si crea tra due persone può essere intensa e duratura.

La comunicazione è il cuore pulsante, il pilastro fondamentale di una relazione a distanza.

Telefonate, messaggi, videochiamate e lettere sono i ponti che collegano due cuori, permettendo di condividere emozioni, sogni e momenti della giornata.

La fiducia è il fondamento su cui si costruisce una relazione a distanza.

Credere nel proprio partner, nelle sue intenzioni e nel vostro legame è essenziale per superare i momenti di dubbio e le sfide che la distanza inevitabilmente porta con sé.

Come scriveva Antoine de Saint-Exupéry, "L'amore non consiste nello sguardo fisso l'uno nell'altro, ma nel guardare insieme nella stessa direzione".

L'attesa dell'incontro può intensificare il desiderio e l'attrazione, alimentando l'anticipazione e la passione.

È come un arco teso che, al momento del rilascio, proietta l'amore verso nuove altezze.

Tuttavia, le relazioni a distanza presentano anche delle sfide: la mancanza del contatto fisico, la gelosia, la solitudine e le distrazioni della vita quotidiana possono mettere a dura prova il legame.

Per superare queste sfide, è fondamentale coltivare la pazienza, la comprensione e la flessibilità.

Pianificare momenti speciali, condividere interessi comuni e comunicare apertamente sono elementi chiave per mantenere vivo il fuoco dell'amore a distanza.

17

Amore e attrazione

L'attrazione è come la gravità. Non puoi farci niente, semplicemente ci cadi dentro."

Questa celebre citazione, attribuita ad Albert Einstein, sintetizza perfettamente quella forza irresistibile che ci spinge verso gli altri.

Amore e attrazione sono due facce della stessa medaglia, intrecciate in un complesso gioco di chimica e psicologia.

Quella scintilla che accende il desiderio, quel brivido che ci attraversa quando incrociamo lo sguardo di qualcuno, è il risultato di un meccanismo intricato che coinvolge all'unisono mente e corpo.

La psicologia ci ha svelato che dietro a quel magico scintillio si nascondono molteplici fattori: dalle caratteristiche fisiche, più o meno evidenti, a quelle psicologiche, più profonde e soggettive.

La somiglianza di valori, la complementarità dei caratteri e persino l'attrazione per ciò che è avvolto nel mistero giocano un ruolo fondamentale nell'accendere la fiamma del desiderio.

Inoltre, abbiamo visto che la cultura, le norme sociali e le esperienze personali plasmano i nostri ideali di bellezza e le aspettative nelle relazioni.

Ma l'attrazione è solo l'inizio di una storia. Quando l'innamoramento prende il sopravvento, il nostro corpo si trasforma in un calderone di emozioni, dove ormoni e neurotrasmettitori scatenano una vera e propria tempesta.

Il cuore batte all'impazzata, lo stomaco fa le capriole e proviamo un irrefrenabile bisogno di vicinanza.

Queste sensazioni intense sono la prova tangibile di come il nostro corpo e la nostra mente siano profondamente interconnessi, dando vita a quell'esperienza unica che chiamiamo amore.

Marcel Proust, nel suo labirintico 'Alla ricerca del tempo perduto', esplora l'amore come un tema centrale, servendosi di segni e simboli.

Gilles Deleuze, nel suo saggio, approfondisce come Proust utilizzi questi segni, soprattutto quelli amorosi, per costruire la sua opera.

Per Proust, i segni amorosi sono spesso ingannevoli, costruiti dal desiderio e dalle proiezioni dell'innamorato, come veli che offuscano la realtà.

Possono essere corporei (un gesto, uno sguardo, un profumo), sociali (appartenere a un certo ambiente, indossare determinati abiti) o intellettuali (condividere interessi culturali).

Un esempio emblematico è la madeleine intinta nel tè che, nel primo volume della Recherche, innesca la memoria involontaria in Marcel.

Questo piccolo oggetto diventa il simbolo che apre le porte al passato, un tempo perduto e ritrovato. La madeleine non è solo un cibo, ma un punto di accesso a un mondo di ricordi, emozioni e sensazioni.

18

L'amore a prima vista

L'amore a prima vista, quel brivido che ci attraversa quando incontriamo qualcuno di speciale, è il risultato di un complesso meccanismo che coinvolge il nostro corpo e la nostra mente.

Immaginiamo il corpo umano come una sinfonia, dove ogni organo suona una nota precisa, diretta da un'orchestra invisibile: gli ormoni.

Questi messaggeri chimici, prodotti da ghiandole endocrine, viaggiano nel nostro sangue, trasmettendo ordini e informazioni a ogni parte del corpo. Dal cuore al cervello, dagli intestini alla pelle, gli ormoni plasmano ogni aspetto della nostra esistenza, dalle emozioni all'appetito, dal sonno alla riproduzione.

Quando siamo attratti da qualcuno, il nostro cervello viene inondato da un cocktail di sostanze chimiche

Il professor Max Nieuwdorp, nel suo libro "Noi siamo i nostri ormoni", ci svela i segreti di questa orchestra invisibile che dirige la nostra vita spiegando che quando siamo attratti da qualcuno, il nostro cervello viene inondato da un cocktail di sostanze chimiche che ci fanno sentire euforici ed eccitati.

Ad esempio, durante un bacio, scambiamo una miriade di segnali chimici che possono influenzare la nostra percezione dell'altro.

Ma l'attrazione non è solo una questione di chimica.

Anche il nostro sistema immunitario gioca un ruolo fondamentale. Il complesso maggiore di istocompatibilità (MHC) è un gruppo di geni che regola la nostra risposta immunitaria e influenza il nostro odore corporeo.

Studi scientifici hanno dimostrato che tendiamo a preferire l'odore di persone con un profilo MHC diverso dal nostro, poiché ciò potrebbe indicare una maggiore diversità genetica nella potenziale prole.

Altri studi hanno dimostrato che le persone tendono a preferire l'odore di magliette indossate da individui con un profilo MHC diverso dal proprio.

Inoltre, i feromoni, sostanze chimiche rilasciate dal nostro corpo, possono agire come potenti afrodisiaci, influenzando l'attrazione e i livelli ormonali. L'odore del corpo, quindi, può essere un fattore determinante nell'accendere la scintilla dell'amore.

I feromoni agiscono tra individui della stessa specie, influenzando comportamenti e risposte fisiologiche.

Vengono rilasciati nell'ambiente esterno, spesso attraverso secrezioni corporee come il sudore o la saliva.

Influenzano l'attrazione sessuale, la marcatura del territorio, l'allarme e altri comportamenti sociali.

Esempi di feromoni si trovano in molti animali, inclusi gli insetti e i mammiferi.

Sebbene il loro ruolo nell'attrazione umana sia meno evidente rispetto ad altre specie, i feromoni sarebbero come una firma olfattiva unica, che comunica informazioni sulla nostra salute, il nostro sistema immunitario, il nostro sesso e persino il nostro stato emotivo.

Questa comunicazione chimica, spesso sottovalutata, ha un impatto profondo sul nostro comportamento sociale e sulle nostre scelte di coppia ed influenzano la nostra vita in modi sorprendenti.

Donne che vivono insieme tendono a sincronizzare i loro cicli mestruali a causa dell'influenza dei feromoni.

I feromoni ci aiutano a selezionare partner geneticamente compatibili, in modo da aumentare le possibilità di avere una prole sana.

L'odore dei familiari più stretti agisce come un repellente naturale, impedendoci di essere attratti da loro.

L'organo vomeronasale, un tempo considerato l'organo deputato alla rilevazione dei feromoni nell'uomo, è ancora oggetto di dibattito.

Tuttavia, alcune ricerche suggeriscono che potrebbe essere coinvolto nella percezione di questi segnali chimici.

Le nostre preferenze olfattive sono influenzate sia da fattori genetici che culturali.

L'educazione, l'ambiente e le esperienze personali plasmano il nostro modo di percepire e interpretare gli odori.

I profumi, oltre a mascherare gli odori corporei, possono amplificare il nostro fascino e attirare l'attenzione del sesso opposto.

Molte fragranze contengono molecole che mimano i feromoni, stimolando l'attrazione e l'eccitazione.

Il ruolo degli ormoni nell'innamoramento è fondamentale. L'innamoramento, quindi, non è solo un'emozione, ma un'esperienza sensoriale completa che coinvolge il nostro corpo, la nostra mente e il nostro cuore.

Recentemente è stato rivalutato anche il ruolo, fondamentale nelle prime fasi di questo intenso sentimento, del fattore di crescita nervosa (NGF), proteina che promuove la crescita e la sopravvivenza delle cellule nervose.

I livelli di NGF sono significativamente più alti nelle persone innamorate rispetto a coloro che non lo sono. In altre parole, quando ci innamoriamo, il nostro cervello subisce una sorta di "rinnovamento", grazie all'azione di questo fattore di crescita.

Questa scoperta è affascinante perché suggerisce un legame tra l'amore e la plasticità cerebrale, ovvero la capacità del nostro cervello di modificarsi e adattarsi in risposta a nuove esperienze.

L'innamoramento, con la sua carica emotiva, sembra stimolare la crescita di nuove connessioni neurali, rendendo il nostro cervello più flessibile e creativo.

Inoltre, è stata osservata una correlazione diretta tra i livelli di NGF e l'intensità del sentimento amoroso.

Questo significa che più alto è il livello di NGF, più intenso è l'innamoramento.

Alcune sostanze come l'epinefrina e la norepinefrina solitamente associate allo stress e all'allarme, vengono rilasciate anche in situazioni di eccitazione e contribuiscono a intensificare la sensazione di attrazione.

Quando siamo innamorati, il nostro cervello viene inondato dalla dopamina, protagonista indiscussa, spesso associata al piacere e alla ricompensa.

Questa sostanza provoca quella sensazione di euforia, leggerezza e benessere tipica delle prime fasi dell'amore.

La dopamina ci spinge a cercare continuamente la vicinanza del partner, creando un circolo virtuoso di piacere e gratificazione.

La noradrenalina entra in scena per aggiungere un tocco di adrenalina a questo cocktail di emozioni.

È come un direttore d'orchestra che coordina la nostra risposta fisiologica all'eccitazione.

Quando ci innamoriamo, i livelli di noradrenalina schizzano in alto, provocando una serie di reazioni nel nostro corpo:

Il battito cardiaco accelera, dandoci quella sensazione di palpitazioni e di cuore che "va a mille".

La noradrenalina aumenta la sudorazione e ci fa provare quella strana sensazione di pelle d'oca, anche nei momenti più inaspettati.

La nostra attenzione si concentra esclusivamente sull'oggetto del nostro desiderio, escludendo tutto il resto.

Le notti insonni diventano frequenti, perché la nostra mente è troppo occupata a pensare alla persona amata.

Mentre la dopamina ci fa sentire euforici, la serotonina, un altro neurotrasmettitore coinvolto nella regolazione dell'umore, subisce una diminuzione.

Gli studi hanno dimostrato che, soprattutto nelle prime fasi dell'innamoramento, i livelli di serotonina tendono a diminuire in modo significativo

Questa riduzione è simile a quella osservata nei pazienti affetti da disturbi ossessivi compulsivi. È per questo motivo che, quando siamo innamorati, tendiamo a pensare in modo ossessivo alla persona amata.

È come se, durante l'innamoramento, il nostro cervello venisse "rapito" dai pensieri sulla persona amata, facendoci perdere di vista tutto il resto.

Tuttavia, questa intensa concentrazione può avere un rovescio della medaglia.

La serotonina è anche coinvolta nella regolazione dell'umore.
Quando i suoi livelli sono bassi, siamo più suscettibili a provare ansia, tristezza e sbalzi d'umore. Se il nostro partner non ricambia il nostro affetto, o se percepiamo anche solo un piccolo segnale di rifiuto, possiamo provare un dolore intenso e una profonda tristezza.
La noradrenalina, insieme alla dopamina e alla serotonina, crea un cocktail di emozioni che ci fa sentire vivi, energici e pronti a conquistare il mondo.
È come se il nostro corpo fosse in costante stato di allerta, pronto a rispondere a qualsiasi stimolo proveniente dalla persona amata.
Tra la serie di reazioni chimiche nel nostro cervello un ruolo di primo piano è svolto dalla feniletilamina (PEA), una molecola che agisce come una vera e propria droga naturale, innescando una cascata di reazioni che ci fanno provare euforia, desiderio e attaccamento.
La PEA, prodotta naturalmente dal nostro organismo, ha effetti simili a quelli delle anfetamine, agendo sugli stessi recettori nel cervello.
Questo significa che, quando siamo innamorati, sperimentiamo una sensazione di euforia e di energia che può essere paragonata a quella di un'intossicazione.
 La PEA non agisce da sola ma insieme ad altri neurotrasmettitori, come la dopamina, la noradrenalina e la serotonina, crea un cocktail di emozioni che ci fa provare piacere, desiderio, eccitazione e appagamento.
L'azione combinata di questi neurotrasmettitori crea una vera e propria dipendenza affettiva.

Quando siamo separati dalla persona amata, i livelli di PEA crollano bruscamente, provocando sintomi simili a quelli dell'astinenza da una sostanza stupefacente: tristezza, ansia, irritabilità e difficoltà a concentrarsi.

La PEA, attraverso un meccanismo ancora non del tutto chiarito, influenza la produzione di dopamina e noradrenalina, rafforzando le connessioni neurali associate all'esperienza dell'innamoramento.

In questo modo, il nostro cervello crea una sorta di "mappa" delle sensazioni positive associate al partner, spingendoci a cercare nuovamente quella gratificazione.

Altri neurotrasmettitori giocano un ruolo fondamentale nel consolidamento del legame affettivo: l'ossitocina, la vasopressina e le endorfine, "collanti dell'amore".

L'ossitocina favorisce il legame affettivo, la fiducia e l'empatia. Nell'ambito delle relazioni romantiche, l'ossitocina gioca un ruolo cruciale.

Viene rilasciata durante l'intimità fisica, come abbracci, baci e rapporti sessuali, intensificando il legame tra i partner e promuovendo sensazioni di piacere e benessere.

Agisce come un ponte tra le persone, favorendo la comprensione reciproca, la fiducia e l'empatia.

Studi scientifici hanno dimostrato che livelli più elevati di questo ormone sono associati a comportamenti prosociali, come la cura dei figli, l'altruismo e la cooperazione.

Esistono diversi modi per stimolare la produzione di ossitocina:

Abbracci, carezze e baci sono un modo semplice ed efficace per aumentare i livelli di questo ormone.

Trascorrere del tempo di qualità con le persone amate, sia in momenti di relax che in attività comuni, rafforza il legame e stimola la produzione di ossitocina.

Aiutare gli altri e compiere gesti di gentilezza non solo fa bene agli altri, ma anche a noi stessi, aumentando i livelli di ossitocina.

Attività come lo yoga e la meditazione possono favorire il rilassamento e promuovere il rilascio di ossitocina.

Strettamente legata all'ossitocina, la vasopressina è più associata al legame a lungo termine e alla monogamia.

Contribuisce a rafforzare il legame di coppia e a promuovere comportamenti protettivi nei confronti del partner.

Entrambi questi ormoni, prodotti dall'ipotalamo e rilasciati nella ghiandola pituitaria, agiscono come potenti collanti emotivi, creando un senso di unità e appartenenza alla coppia.

Sotto l'influenza di questi neurotrasmettitori, il nostro cervello subisce una vera e propria riorganizzazione.

Le connessioni neurali si rafforzano, creando nuovi circuiti dedicati alla persona amata.

In questo modo, il partner diventa una parte integrante di noi stessi, un po' come un puzzle che si incastra perfettamente.

Per completare il quadro, le endorfine, gli oppiacei naturali del nostro corpo, entrano in gioco per regalarci una sensazione di benessere, calma e rilassamento.

Le endorfine contribuiscono a creare un clima di fiducia e stabilità all'interno della coppia, attenuando lo stress e l'ansia.

Alcuni studi suggeriscono che la scelta del partner potrebbe essere influenzata da fattori genetici più profondi di quanto si pensi.

Sembra infatti che siamo inconsciamente attratti da individui con un sistema immunitario significativamente diverso dal nostro.

Questo meccanismo potrebbe essere un adattamento evolutivo che favorisce la nascita di figli con un sistema immunitario più forte e resistente alle malattie.

19
Oltre la chimica

L'attrazione, però, non è solo una questione di chimica.
Altri fattori, spesso più soggettivi, entrano in gioco:
La bellezza, la simmetria e i tratti somatici sono elementi che, in un primo momento, catturano la nostra attenzione.
Tuttavia, la bellezza è un concetto soggettivo, che varia a seconda delle culture e dei periodi storici.
Qualità come l'intelligenza o più in generale l'orientamento sapiosessuale, l'umorismo, la gentilezza, la sicurezza di sé rendono una persona affascinante agli occhi degli altri e contribuiscono a costruire un legame duraturo
Studi sui gemelli hanno mostrato una certa correlazione tra i tratti fisici preferiti dai gemelli identici, suggerendo un possibile influsso genetico per cui la scelta del partner in base a preferenze estetiche potrebbe avere una componente ereditaria.
Anche la voce, quando diventa più bassa e sensuale, può accendere il desiderio.
Un linguaggio del corpo aperto e seducente, come esporre il busto o sollevare le spalle, può aumentare l'attrazione.
Spesso siamo attratti da persone che condividono con noi valori, interessi e background culturali.
Questa somiglianza ci fa sentire compresi e accettati.

A volte, però, siamo attratti da persone che possiedono caratteristiche che noi stessi non abbiamo, ma che ammiriamo e desideriamo.

Le preferenze individuali in materia di attrazione sono altamente variabili e possono essere influenzate da una moltitudine di fattori tra cui: norme culturali e sociali, canoni di bellezza, preferenze di coppia.

Si dice che l'amore sia cieco, ma la scienza ci rivela che dietro a questo sentimento così potente si nascondono meccanismi complessi, un intrigante intreccio di biologia e cultura.

Diverse teorie sull'attrazione ci offrono prospettive diverse e complementari, aiutandoci a comprendere meglio cosa ci spinge a innamorarci.

La teoria dell'evoluzione ci ricorda invece che siamo profondamente radicati nella natura e che i nostri gusti, anche in amore, sono influenzati dal nostro patrimonio genetico.

Sebbene Charles Darwin non si sia concentrato specificamente sull'attrazione umana, molti altri scienziati hanno approfondito questo tema, cercando di collegare i principi evoluzionistici ai comportamenti e alle preferenze umane nelle relazioni.

Pensatori come Herbert Spencer hanno esteso le idee di Darwin alla società umana, suggerendo che anche le relazioni sociali e l'attrazione fossero guidate da una lotta per la sopravvivenza e dalla selezione dei partner più adatti.

Scienziati come David Buss e Steven Pinker hanno applicato questi principi alla psicologia, proponendo che molti dei nostri comportamenti sociali, compresa l'attrazione, siano il risultato di adattamenti evolutivi che hanno favorito la riproduzione e la trasmissione dei geni.

Anche biologi come Richard Dawkins e Edward O. Wilson hanno contribuito al dibattito, sottolineando l'importanza dei geni nell'influenzare le nostre scelte, compresa quella del partner.

Siamo attratti da caratteristiche fisiche che segnalano buona salute e fertilità, un vero e proprio biglietto da visita per la nostra progenie.

Un viso simmetrico, un corpo proporzionato e quei dettagli che ci rendono unici, come il colore degli occhi o un sorriso luminoso, sono tutti indizi che inviano al nostro inconscio un chiaro

Ma non solo: anche il comportamento gioca un ruolo fondamentale.

Un uomo sicuro di sé, protettivo e altruista, o una donna dolce e premurosa, sono caratteristiche che, nel corso dell'evoluzione, si sono dimostrate vantaggiose nella ricerca di un partner.

Se la natura ci fornisce una base solida, è la cultura a plasmare i nostri gusti più raffinati.

La teoria dell'apprendimento sociale, sviluppata principalmente da Albert Bandura, ci aiuta a comprendere come apprendiamo e imitiamo i comportamenti degli altri, influenzando anche le nostre scelte di partner.

Osservando i modelli significativi nella nostra vita – genitori, amici, personaggi famosi – interiorizziamo ciò che viene considerato attraente e desiderabile in un partner.

Ad esempio, se una ragazza cresce ammirando attrici dai capelli biondi e occhi azzurri, è più probabile che sviluppi una preferenza per queste caratteristiche.

I comportamenti legati all'attrazione e alle relazioni possono essere influenzati da rinforzi positivi o negativi.

Se un bambino viene lodato per aver mostrato interesse per una persona dell'altro sesso, è più probabile che ripeta questo comportamento.

Inoltre, osservando le esperienze degli altri, possiamo apprendere quali comportamenti sono efficaci per stabilire e mantenere relazioni soddisfacenti.

Ad esempio, se vediamo un amico venire rifiutato dopo una dichiarazione d'amore maldestra, potremmo diventare più cauti nell'esprimere i nostri sentimenti

Altri autori hanno contribuito a sviluppare e approfondire questa teoria nel contesto delle relazioni interpersonali.

Julian Rotter ha introdotto il concetto di "locus of control", ovvero la percezione che abbiamo sul grado di controllo che esercitiamo sugli eventi della nostra vita.

Un forte senso di controllo interno può favorire una maggiore fiducia nelle proprie capacità di instaurare relazioni soddisfacenti.

Walter Mischel ha sottolineato l'importanza del contesto situazionale nel determinare il comportamento.

In altre parole, le nostre reazioni in situazioni sociali, come un appuntamento o un'interazione con un potenziale partner, possono variare a seconda del contesto e della situazione specifica.

La teoria dell'apprendimento sociale ci aiuta a comprendere come le nostre esperienze sociali, le osservazioni e i modelli influenzino le nostre preferenze romantiche e i nostri comportamenti nelle relazioni.

Impariamo cosa è considerato attraente osservando chi ci circonda: genitori, amici, personaggi famosi.

Creiamo così un modello mentale di ciò che riteniamo desiderabile in un partner, influenzato dai valori e dalle immagini della nostra società.

Ma non solo l'ambiente sociale plasma le nostre preferenze. Anche le esperienze personali, come un primo amore, una delusione o un incontro fortuito,

lasciano un segno indelebile nel nostro cuore e orientano le nostre future scelte affettive.

L'attrazione non è solo una questione di apparenza e di esperienze passate. È anche un modo di interpretare la realtà.

Nel contesto delle relazioni amorose, la teoria dell'attribuzione cerca di comprendere come interpretiamo le cause dei comportamenti altrui e come queste interpretazioni influenzano le nostre reazioni emotive e cognitive.

Questa teoria ci aiuta a capire perché siamo attratti da certe persone e come giustifichiamo le loro azioni.

Quando ci piace qualcuno, tendiamo a dare un'interpretazione positiva dei loro comportamenti, attribuendoli alla loro personalità.

Ad esempio, se qualcuno ci fa un complimento, pensiamo subito che sia una persona gentile e sincera.

Questo fenomeno, noto come "profezia che si autoavvera", spiega come le nostre aspettative influenzino il modo in cui interagiamo con gli altri, alimentando l'attrazione.

Fritz Heider, considerato il padre fondatore della teoria dell'attribuzione, ha sottolineato l'importanza che diamo alle cause interne (disposizionali) o esterne (situazionali) dei comportamenti altrui.

Nell'ambito dell'attrazione, ci chiediamo se l'interesse di un'altra persona sia dovuto a qualcosa di intrinseco a noi (la nostra personalità) o a fattori esterni (il contesto). Harold Kelley ha sviluppato il modello della covariazione, che ci aiuta a fare attribuzioni più precise. Questo modello considera tre dimensioni: la distintività (il comportamento si verifica solo in questa situazione), la coerenza (il comportamento si verifica

sempre in questa situazione) e il consenso (anche altre persone reagiscono allo stesso modo).

In questo modo, possiamo valutare se un comportamento è dovuto a fattori personali o situazionali.

Bernard Weiner ha ulteriormente approfondito la teoria, concentrandosi sulle conseguenze emotive e motivazionali delle attribuzioni

Secondo Weiner, le attribuzioni possono essere classificate in base a tre dimensioni: il locus della causalità (interna o esterna), la stabilità (la causa è stabile o instabile nel tempo?) e la controllabilità (la causa è controllabile o incontrollabile?). Queste dimensioni influenzano le nostre aspettative future e le nostre reazioni emotive.

Quando attribuiamo l'attrazione di un'altra persona a cause interne e stabili (ad esempio, "Mi piace perché è una persona interessante"), tendiamo a sentirci più sicuri di noi stessi e a sviluppare un'opinione positiva di quella persona.

Al contrario, se attribuiamo l'attrazione a cause esterne o instabili (ad esempio, "Mi piace solo perché sono l'unico disponibile"), potremmo sentirci meno sicuri e avere dubbi sulla durata della relazione.

Le nostre attribuzioni influenzano anche il modo in cui interagiamo con gli altri. Se pensiamo che una persona sia attratta da noi per ragioni positive, tenderemo a comportarci in modo più aperto e amichevole, aumentando la probabilità che questa persona ricambi il nostro interesse.

Oltre a queste tre teorie principali, esistono altre prospettive che contribuiscono a una comprensione più completa dell'attrazione, come la teoria della somiglianza.

Secondo questa teoria, siamo naturalmente portati a cercare e preferire persone che condividono con noi

caratteristiche simili, come interessi, valori, background e tratti di personalità.

La somiglianza può riferirsi a una vasta gamma di caratteristiche, sia superficiali che profonde.

Ci sono diverse ragioni per cui la somiglianza esercita un così forte potere attrattivo.

La condivisione di opinioni e valori è un forte predittore di attrazione.

Quando incontriamo qualcuno che condivide le nostre passioni, ci sentiamo compresi e accettati, rafforzando la nostra autostima e il senso di appartenenza a un gruppo.

La ricerca scientifica conferma che le persone simili a noi sono più prevedibili, riducendo l'incertezza e l'ansia nelle relazioni.

Abbiamo tratti di personalità compatibili?

Ad esempio, due persone estroverse potrebbero trovare più facile creare un legame rispetto a una persona estroversa e una introversa.

Essere circondati da persone simili ci rassicura sul fatto che le nostre opinioni e i nostri comportamenti sono validi.

Diversi psicologi hanno studiato il fenomeno della somiglianza e hanno fornito prove a sostegno di questa teoria.

Sebbene non esista un singolo esponente principale e formalmente riconosciuto per questa teoria, diversi psicologi sociali hanno contribuito a svilupparla e a fornire evidenze empiriche a sostegno. Tra questi, possiamo citare la psicologia della Gestalt.

Questa scuola di pensiero, nata all'inizio del XX secolo, ha posto le basi per la comprensione del modo in cui percepiamo e organizziamo il mondo visivo.

Il principio di somiglianza, secondo cui elementi simili vengono percepiti come appartenenti a un unico gruppo, è uno dei principi fondamentali della Gestalt.

Altri psicologi hanno ulteriormente approfondito il tema della somiglianza nell'attrazione, esplorando, ad esempio aspetti come la somiglianza degli atteggiamenti.

Theodore Newcomb: I suoi studi sui campus universitari hanno dimostrato che gli studenti tendevano a sviluppare amicizie con coloro che avevano atteggiamenti e valori simili ai loro.

Donn Byrne: Ha condotto numerosi esperimenti che hanno confermato l'importanza della somiglianza nell'attrazione, dimostrando che le persone sono più attratte da coloro che condividono con loro opinioni, interessi e background socioeconomico.

Elaine Hatfield: Insieme a altri colleghi, ha sviluppato il modello del "matching hypothesis", secondo cui le persone tendono a formare coppie con partner che hanno un livello di attrattività fisica simile al proprio.

Limiti della teoria della somiglianza

A volte, possiamo essere attratti da persone che possiedono caratteristiche che completiamo in noi stessi.

Ad esempio, una persona molto organizzata potrebbe essere attratta da una persona più spontanea

Le norme culturali e sociali possono influenzare le nostre preferenze. Ad esempio, in alcune culture, le differenze di età o di status sociale possono essere considerate più importanti della somiglianza.

È importante sottolineare che la somiglianza non è l'unico fattore che influisce sull'attrazione: altri fattori, come l'aspetto fisico, la prossimità e la complementarità, possono giocare un ruolo importante. Mentre la ricerca ha ampiamente dimostrato l'importanza della somiglianza nelle relazioni interpersonali, un'altra teoria affascinante, seppur

meno studiata, è quella della complementarità (lat. Complementum, riempire, colmare)

Alcuni studi hanno esplorato come tratti di personalità complementari possano influenzare l'attrazione e la soddisfazione di coppia.

Secondo questa prospettiva, siamo attratti da individui che possiedono caratteristiche che "completano" le nostre.

In altre parole, cerchiamo partner che hanno qualità che noi stessi non abbiamo, ma che desideriamo.

Ad esempio, una persona dominante potrebbe essere attratta da una persona più sottomessa.

È importante sottolineare che la complementarità e la somiglianza non sono concetti mutuamente esclusivi.

Spesso, le persone sono attratte da partner che presentano sia somiglianze che differenze complementari.

L'importanza relativa di questi due fattori può variare a seconda delle diverse dimensioni della relazione.

Il concetto di complementarità è più complesso e sfumato rispetto a quello di "somiglianza".

Infatti, è difficile isolare l'effetto della complementarità da fattori come la somiglianza, la prossimità fisica e l'attrazione fisica.

La ricerca sulla complementarità si basa spesso su auto-report e questionari, che possono essere soggetti a bias.

Carl Gustav Jung, uno dei più influenti psicologi del XX secolo, ha introdotto concetti fondamentali come l'anima e l'animus per esplorare le dinamiche della psiche maschile e femminile.

Tuttavia, è il concetto di ombra che ci interessa maggiormente in questo contesto.

L'ombra rappresenta quella parte di noi stessi che rifiutiamo, nascondiamo o non siamo disposti ad ammettere, un insieme di qualità, desideri e impulsi che consideriamo inaccettabili o socialmente indeside-rabili.

Nell'ambito delle relazioni, l'ombra gioca un ruolo cruciale nell'attrazione e nel corteggiamento.

Spesso, siamo inconsciamente attratti da persone che incarnano aspetti della nostra ombra, come se cercassimo di completare una parte mancante di noi stessi.

Ad esempio, una persona timida potrebbe essere attratta da un individuo sicuro di sé, proiettando su di lui la parte di sé che vorrebbe esprimere.

Un ragazzo altissimo può desiderare ed essere attratto da una partner di bassa statura.

Al contrario, un team di ricercatori Australiani dell'Università del Queensland a Brisbane ha invece testato ventiquattromila coppie eterosessuali e correlato statisticamente i marcatori genetici delle persone per l'altezza e la reale altezza del loro partner.

La loro teoria ha evidenziato che "se i tratti genetici di base suggeriscono che un individuo è alto, anche il suo partner dovrebbe essere alto" (Roman Samborskyi, Shutterstock).

Allo stesso modo, l'attrazione può basarsi sulla complementarità: due persone possono attrarsi perché colmano un vuoto reciproco, unendo le loro parti mancanti.

L'ombra influisce anche sulle dinamiche di potere all'interno delle relazioni.

Una persona con una forte tendenza al controllo, ad esempio, potrebbe essere attratta da qualcuno più sottomesso, cercando di affermare la propria superiorità.

Inoltre, le nostre fantasie romantiche e le aspettative nei confronti del partner ideale sono spesso influenzate dall'ombra, portandoci a essere inconsciamente attratti da figure che rappresentano desideri proibiti o conflitti interiori.

Comprendere il ruolo dell'ombra nelle relazioni amorose è fondamentale per una crescita personale.

Accettare la nostra ombra, con le sue luci e le sue ombre, ci permette di costruire relazioni più autentiche e consapevoli. Essere consapevoli delle nostre proiezioni ci aiuta a scegliere partner che ci stimolano a evolverci e a superare i nostri limiti.

Comprendendo le radici inconsce dei conflitti di coppia, possiamo lavorare per risolverli in modo più efficace.

Quando siamo in grado di integrare la nostra ombra, possiamo costruire relazioni più profonde e soddisfacenti, basate sull'autenticità e sull'accettazione reciproca.

Alcuni studi suggeriscono che individui con stili di attaccamento diversi potrebbero attrarsi a vicenda.

20
Stili di attaccamento e relazioni romantiche

La teoria dell'attaccamento, sviluppata da John Bowlby e Mary Ainsworth, identifica principalmente quattro stili di attaccamento; ci insegna che i legami che formiamo durante l'infanzia con le nostre figure di attaccamento (generalmente i genitori) influenzano profondamente il modo in cui ci relazioniamo con gli altri in età adulta, compreso il modo in cui amiamo e veniamo amati.

Le prime esperienze di attaccamento creano in noi modelli mentali interni del nostro target relazionale.

Questi modelli ci portano a cercare partner che confermino le nostre aspettative, positive o negative, riguardo all'amore e all'intimità.

Spesso, inconsciamente, scegliamo partner che ci ricordano le nostre figure di attaccamento.

Questo può avvenire sia in modo positivo (cercando un partner simile alla figura di attaccamento sicura) sia in modo negativo (ripetendo dinamiche relazionali problematiche).

Lo stile di attaccamento influenza le nostre aspettative riguardo alla disponibilità emotiva del partner, alla fiducia, alla comunicazione e alla gestione dei conflitti.

Il nostro stile di attaccamento si manifesta nei comportamenti che adottiamo nelle relazioni, come la gelosia, la possessività, la distanza emotiva o la dipendenza affettiva.

I principali stili di attaccamento sono:

Sicuro: Individui con uno stile di attaccamento sicuro tendono a scegliere partner compatibili a costruire relazioni stabili e soddisfacenti, basate sulla fiducia e sulla reciprocità.

Sono in grado di esprimere liberamente i propri bisogni e di creare legami profondi.

Ansioso-ambivalente: Chi ha uno stile ansioso-ambivalente tende a essere preoccupato di essere abbandonato e a cercare costantemente rassicurazioni dal partner.

Possono essere gelosi e possessivi.

Possono attrarre partner che tendono a essere distanti e poco disponibili, perpetuando così un ciclo di insicurezza e dipendenza.

Evitante: Le persone con uno stile evitante tendono a evitare l'intimità emotiva, temendo di essere feriti.

Possono apparire distaccati e indipendenti.

Possono scegliere partner che confermano le loro paure, come persone che tendono a essere troppo coinvolgenti o bisognose.

Individui con uno stile di attaccamento insicuro-evitante potrebbero essere attratti da partner con uno stile di attaccamento insicuro-ansioso, in quanto le loro caratteristiche si "completano" in un certo senso.

Disorganizzato: Questo stile è considerato il più complesso e può manifestarsi in individui che hanno vissuto esperienze traumatiche durante l'infanzia.

Possono sperimentare difficoltà a stabilire relazioni stabili e possono avere comportamenti imprevedibili, contraddittori e difficoltà a regolare le proprie emozioni.

Sebbene lo stile di attaccamento sia influenzato dalle prime esperienze, non è immutabile.

Con la consapevolezza di sé e il supporto di un terapeuta, è possibile modificare i propri modelli relazionali e sviluppare relazioni più sane e soddisfacenti.

21

Il Corteggiamento

Il corteggiamento è un meccanismo evolutivo fondamentale per garantire la sopravvivenza della specie.

Nel mondo animale, il corteggiamento è un complesso insieme di comportamenti ritualizzati che un individuo di una specie mette in atto per attirare l'attenzione e indurre l'accoppiamento con un individuo dell'altro sesso.

Questi comportamenti possono includere esibizioni visive, vocali, tattili o olfattive, e spesso sono specifici per ciascuna specie.

Lo scopo ultimo del corteggiamento è la riproduzione.

Dalle elaborate danze degli uccelli del paradiso alle melodiose serenate dei grilli, ogni specie ha sviluppato strategie uniche per conquistare l'attenzione del partner.

Dalle offerte nuziali dei ragni alle acrobatiche evoluzioni dei colibrì, il corteggiamento è un vero e proprio spettacolo della natura, dove colori, suoni e movimenti si intrecciano per creare un'atmosfera magica.

Ma il corteggiamento non è solo una questione di bellezza: spesso, è anche una dimostrazione di forza, abilità e capacità di sopravvivenza.

Dai combattimenti tra leoni marini ai complessi canti delle balene, il corteggiamento è un'arena in cui gli animali mettono alla prova le proprie capacità per conquistare il partner e trasmettere i propri geni alla generazione successiva.

Il corteggiamento, tema perenne nella letteratura, si declina in mille sfumature a seconda delle epoche e delle culture.

Da Ovidio, che ne fa un manuale di seduzione, a Shakespeare, che lo trasforma in una commedia degli equivoci, passando per i codici rigorosi del corteggiamento cortese, la letteratura ci offre un panorama vastissimo delle strategie e delle dinamiche amorose.

Nell'antica Grecia, Omero ci racconta di Ulisse e Penelope, un'epopea di corteggiamento segnata da inganni e fedeltà.

Nel Medioevo, i romanzi cavallereschi esaltano l'amore cortese, un ideale di amore puro e elevato che spinge i cavalieri a imprese eroiche.

Il Rinascimento, con Shakespeare, ci regala commedie piene di equivoci e schermaglie amorose, mentre nel XIX secolo, Jane Austen ci immerge nei salotti dell'alta società, dove il corteggiamento è un gioco sottile di sguardi e allusioni.

Ma il corteggiamento non è solo romanticismo. Stendhal, con "Il rosso e il nero", ci mostra come la seduzione possa essere un'arma di potere, mentre Nabokov, in "Lolita", esplora gli abissi più oscuri del desiderio.

La letteratura ci insegna che il corteggiamento è un campo minato di emozioni, passioni, e a volte anche di perversioni, un terreno fertile per la narrazione e l'analisi della complessità dell'animo umano.

In ambito psicologico, il corteggiamento viene studiato come un processo interpersonale che coinvolge una serie di segnali e comportamenti non
verbali e verbali finalizzati a stabilire e mantenere un'attrazione reciproca.

È stato ampiamente studiato in psicologia.

Da Freud, con la sua enfasi sulle pulsioni inconsce, a Bowlby, che ha sottolineato l'importanza delle esperienze infantili, numerosi teorici hanno contribuito a comprendere le dinamiche sottese a questo fenomeno.

La psicologia sociale, inoltre, ha evidenziato come il contesto culturale e le norme sociali influenzino profondamente i comportamenti di corteggiamento.

La personalità individuale gioca un ruolo cruciale nel modo in cui ci approcciamo al corteggiamento.

Tratti come l'autostima e l'estroversione influenzano le nostre strategie e il nostro successo nelle relazioni interpersonali.

Alfred Kinsey, con le sue pionieristiche ricerche, ha fornito dati empirici sulle pratiche sessuali e sui comportamenti di corteggiamento, mentre Elaine Hatfield e Susan Sprecher hanno studiato a lungo l'amore romantico e il corteggiamento, proponendo modelli che spiegano le fasi dell'innamoramento e le differenze tra amore passionale e amore compagno.

Il corteggiamento, soprattutto durante l'adolescenza, è un'esperienza formativa che contribuisce alla costruzione della propria identità e allo sviluppo delle competenze sociali.

Tuttavia, può essere accompagnato da ansie e insicurezze, e le prime esperienze negative possono lasciare cicatrici emotive.

Numerose ricerche si sono concentrate sull'analisi dei comportamenti non verbali, come lo sguardo e il sorriso, per comprendere i meccanismi sottili della comunicazione non verbale nel corteggiamento.

I media, come film e social media, hanno un impatto significativo sui modelli di corteggiamento e sulle aspettative delle persone.

Gli studiosi hanno osservato le interazioni tra persone in contesti naturali, come bar, discoteche e università, per identificare i comportamenti tipici del corteggiamento.

Sono stati utilizzati questionari e interviste per raccogliere dati sulle esperienze di corteggiamento, sulle preferenze e sulle aspettative delle persone.

Le dinamiche del corteggiamento sono state a lungo influenzate dalle norme di genere.

Storicamente, gli uomini erano spesso visti come iniziatori attivi, mentre alle donne era assegnato un ruolo più passivo.

Tuttavia, con l'evolversi dei ruoli di genere, queste aspettative tradizionali stanno cambiando.

Le app di incontri, ad esempio, hanno democratizzato il corteggiamento, consentendo a chiunque di prendere l'iniziativa.

Nonostante questa evoluzione, alcune differenze di genere persistono, sia a livello di comunicazione non verbale che di priorità nel corteggiamento.

Ad esempio, mea sententia, gli uomini potrebbero essere più focalizzati sull'aspetto fisico, mentre le donne potrebbero dare maggiore importanza alla compatibilità emotiva.

Sia gli uomini che le donne possono provare ansia e insicurezza nel corteggiamento, ma le loro paure possono differire.

Gli uomini potrebbero temere il rifiuto, mentre le donne potrebbero preoccuparsi della propria sicurezza o di essere giudicate.

Le usanze e i rituali del corteggiamento sono profondamente radicati nelle tradizioni e nei valori culturali di ogni società.

Il modo in cui le persone si corteggiano varia enormemente da una cultura all'altra, influenzato da fattori come il ruolo di genere, l'importanza della famiglia, le tradizioni religiose e lo status sociale.

In alcune culture, il corteggiamento è un affare familiare, con i genitori che organizzano incontri e hanno un ruolo attivo nella scelta del partner.

In altre, è un'esperienza più individuale, basata sull'attrazione reciproca e sulla compatibilità.

I regali, i luoghi degli incontri e le espressioni d'affetto variano notevolmente, riflettendo le diverse visioni dell'amore e delle relazioni.

Le culture occidentali tendono a privilegiare un approccio più informale e individualistico al corteggiamento, mentre in molte culture asiatiche le tradizioni familiari pesano ancora molto.

Le culture africane presentano una grande diversità, con alcune che valorizzano processi di corteggiamento lunghi e complessi, coinvolgendo tutta la comunità.

Le culture latinoamericane, invece, sono spesso caratterizzate da un romanticismo passionale, con la musica e la danza che giocano un ruolo fondamentale. L'urbanizzazione e la modernizzazione hanno portato a cambiamenti significativi nelle usanze legate al corteggiamento, ma le radici culturali continuano a influenzare profondamente le dinamiche relazionali.

22
Il corteggiamento nelle persone con disabilità

Il corteggiamento è un'esperienza universale, ma per le persone con disabilità può presentare sfide aggiuntive a causa di pregiudizi sociali, barriere architettoniche e aspettative culturali.

Nonostante ciò, il desiderio di amare e di essere amati è un bisogno fondamentale per tutti, indipendentemente dalle proprie condizioni fisiche.

La disabilità è spesso associata a stereotipi negativi, come l'idea che le persone con disabilità non siano sessuali o non possano avere relazioni sentimentali.

Gli ambienti non accessibili possono limitare le opportunità di incontrare nuove persone e di vivere esperienze sociali.

Le aspettative culturali legate alla bellezza e alla normalità possono mettere sotto pressione le persone con disabilità, facendole sentire inadeguate.

La disabilità può portare all'isolamento sociale, rendendo più difficile incontrare potenziali partner.

Nonostante le sfide, ci sono sempre più opportunità per le persone con disabilità di vivere esperienze amorose e di costruire relazioni soddisfacenti.

I movimenti per i diritti delle persone con disabilità hanno contribuito a sensibilizzare l'opinione pubblica e a sfatare i pregiudizi.

Le tecnologie assistive possono facilitare la comunicazione e l'interazione sociale.

I gruppi di supporto offrono un ambiente sicuro per incontrare altre persone con disabilità e condividere esperienze.

Alcune app di incontri si stanno specializzando nel mettere in contatto persone con disabilità.

23

La crisi del corteggiamento e dell'amore romantico

Il mondo delle relazioni umane è un intricato intreccio di emozioni, comportamenti e dinamiche psicologiche. Attaccamento, attrazione, corteggiamento e seduzione sono elementi chiave che, in diverse combinazioni e intensità, influenzano la formazione e l'evoluzione di un legame affettivo.

In particolare, il corteggiamento tradizionale, fondato sulla seduzione, sulla conquista e sulla costruzione di un legame emotivo profondo, sembra essere in declino, sostituito da forme di interazione più informali e meno strutturate, spesso caratterizzate da ambiguità e incertezza.

Le app di incontri, le relazioni casuali e la diffusa cultura del "hookup" hanno semplificato l'approccio all'altro sesso, ma hanno anche banalizzato il concetto stesso di corteggiamento.

Il fenomeno del "hookup", caratterizzato da incontri sessuali occasionali e privi di aspettative romantiche, è sempre più diffuso, specialmente tra i giovani.

L'elemento chiave è la casualità: non si cerca una relazione stabile, ma un'esperienza sessuale fugace e senza impegno.

La ricerca del piacere immediato e la diffidenza nei confronti dell'impegno a lungo termine hanno reso le relazioni più fluide e meno impegnative, ma al tempo stesso più fragili e meno soddisfacenti.

Questa trasformazione è dovuta a diversi fattori: i cambiamenti nelle norme sociali, una maggiore libertà sessuale, l'uso diffuso delle app di incontri e, più in generale, una disgregazione socioeducativa e affettiva all'interno delle famiglie.

Con pochi clic sullo schermo, è possibile entrare in contatto con potenziali partner in qualsiasi momento e luogo.

L'anonimato iniziale offerto da molte app ha abbassato le inibizioni, facilitando incontri più casuali e meno impegnativi.

Inoltre, gli algoritmi delle app permettono di filtrare i potenziali partner in base a criteri specifici, rendendo più facile trovare persone con interessi simili e disponibilità per incontri occasionali.

Per molti giovani, la diffusione delle app ha contribuito a normalizzare la cultura del "hookup", rendendola parte integrante della loro vita sociale.

Tuttavia, è importante sottolineare che alcuni studi suggeriscono un legame tra la cultura del "hookup" e un aumento dei sintomi depressivi e ansiosi, soprattutto nelle donne.

D'altra parte, la diffusione sui social media di modelli di bellezza e comportamenti standardizzati, insieme all'influenza di reality show, marketing pubblicitario e alla potenza unificante ed emotiva della musica, ha contribuito a una certa conformità dei modelli di relazione.

Inoltre, la prevalente cultura dell'immagine, presente in piattaforme come Facebook, Instagram e TikTok, da un lato, offre nuove possibilità di espressione, dall'altro può portare a una superficializzazione dei rapporti, in cui l'aspetto fisico prevale sulla profondità emotiva
La libertà di scelta, un tempo considerata un privilegio, può trasformarsi in una fonte di stress quando le opzioni sono infinite.
La paura di prendere la decisione sbagliata e di perdere un'opportunità migliore genera un'ansia paralizzante, ben rappresentata dalla FODA (la paralisi dell'eccesso di scelta).

24
La forza dell'amore

"Il legame affettivo è il più forte legame di tutti."
John Bowlby

Mentre l'amore giovanile è spesso caratterizzato da una passione intensa e travolgente, l'attrazione nelle relazioni di lunga durata si trasforma in un sentimento più profondo e complesso, radicato nella condivisione di esperienze, valori e progetti di vita.

Se all'inizio prevale l'attrazione fisica e la novità, con il passare del tempo si sviluppa un legame più profondo basato sulla stima reciproca, la complicità e l'affetto.

La routine, spesso temuta come nemica dell'amore, può invece diventare un terreno fertile per la crescita del legame di coppia, creando un senso di familiarità e sicurezza.

Una comunicazione aperta e sincera è fondamentale per mantenere viva la fiamma dell'attrazione.

Parlare dei propri bisogni, desideri e paure aiuta a rafforzare il legame e a costruire un clima di fiducia reciproca.

La crescita individuale e di coppia è un altro elemento chiave.

Imparare cose nuove insieme, affrontare nuove sfide e sostenere i reciproci obiettivi contribuisce a mantenere vivo l'interesse e a far evolvere la relazione nel tempo.

L'intimità, poi, non si limita all'aspetto sessuale, ma comprende anche la condivisione di emozioni, pensieri e sogni.

È un'intimità che va oltre il corpo, toccando l'anima.

La compatibilità a livello di valori, interessi e obiettivi di vita è fondamentale per costruire una relazione duratura.

Essere presenti l'uno per l'altro nei momenti difficili e celebrare insieme i successi è un elemento essenziale per rafforzare il legame e creare un senso di squadra.

Provare nuove esperienze insieme, viaggiare, imparare cose nuove può aiutare a mantenere vivo l'interesse reciproco e a scoprire nuovi aspetti del partner.

Prendersi cura del proprio benessere fisico e mentale è fondamentale per essere presenti e disponibili per il partner.

Esprimere gratitudine e apprezzamento per il partner e per le cose belle della relazione aiuta a rafforzare il legame e a creare un clima positivo.

Ritagliarsi dei momenti solo per la coppia, senza distrazioni, aiuta a rafforzare l'intimità e a riconnettersi con il partner.

Ogni coppia affronta momenti di tensione.

La capacità di comunicare in modo efficace e di trovare soluzioni costruttive ai problemi è fondamentale per superare le difficoltà.

L'amore, non è solo un'emozione intensa, è un viaggio profondo, un'esperienza che ci trasforma, un vero e proprio elisir di lunga vita.

È come un oceano in tempesta, con alti e bassi, ma anche con momenti di calma e serenità.

Ogni storia d'amore è unica, come un'impronta digitale, e ci lascia un segno indelebile nell'anima. Amare e sentirsi amati è come respirare aria pura, un'esperienza che ci fa sentire vivi e connessi al mondo.

Gli studi scientifici lo confermano: l'amore è un potente antidoto allo stress, rafforza il sistema immunitario e ci rende più felici.

Ma per cogliere i frutti di questo amore, bisogna seminare fiducia, comprensione e rispetto.

L'amore è un mistero che ha affascinato poeti, filosofi e scienziati da sempre.

È un sentimento complesso e sfaccettato, che ci arricchisce e ci trasforma.

"L'amore è una follia che si cura con il matrimonio, ma che si riprende" (André Maurois).

E noi, in questa follia, troviamo la nostra felicità.

Ogni storia d'amore è unica e irripetibile, ma ci sono delle tappe comuni che tutti attraversiamo: l'innamoramento, con la sua euforia e la sua idealizzazione dell'altro; l'attaccamento, che ci porta a costruire un legame profondo e duraturo; e la maturazione, che ci permette di affrontare le sfide della vita di coppia con maggiore consapevolezza e maturità.

Amare e sentirsi amati è come immergersi in un'acqua cristallina, che purifica e rinvigorisce.

Gli studi scientifici lo confermano: l'amore fortifica il nostro sistema immunitario, allontana lo stress e ci rende più felici. Ma per cogliere i frutti di questo meraviglioso giardino, bisogna seminare.

Osare fare il primo passo, aprirsi all'emozione dell'innamoramento.

Ricordiamo Khalil Gibran, "L'amore non possiede né viene posseduto, perché l'amore è in sé stesso sufficiente".

E il nostro corpo, con la sua saggezza millenaria, è il compagno ideale in questo viaggio straordinario.

Erich Fromm, psicoanalista e filosofo sociale, ha affrontato il tema dell'amore da una prospettiva più psicologica e filosofica.

Per Fromm, l'amore non è solo un sentimento, ma una capacità che deve essere sviluppata e coltivata.

Fromm ha paragonato l'amore a un'arte, che richiede impegno, conoscenza di sé e degli altri, e una continua crescita personale.

Ha distinto diversi tipi di amore, tra cui l'amore materno, l'amore fraterno, l'amore erotico e l'amore maturo.

Inoltre, Fromm ha analizzato le diverse forme di amore patologico, come l'amore simbiotico, l'amore narcisistico e l'amore distruttivo.

25
La danza interdisciplinare della seduzione

La seduzione, presente in ogni cultura e declinata in infinite forme, dal corteggiamento amoroso alla persuasione politica, si intreccia tra psicologia, sociologia e filosofia.

È un'abilità che, pur potendo essere affinata e appresa, richiede anche una buona dose di naturalezza e spontaneità.

Negli ultimi tempi, sempre più spesso si parla di seduzione come cura di sé, intesa come amore per sé stessi, fiducia e benessere personale.

Può essere sia consapevole che inconsapevole e i suoi obiettivi sono molteplici: dalla semplice attrazione fisica alla costruzione di relazioni durature.

La filosofia, da sempre, si è interrogata sulla natura della seduzione, cercando di comprenderne i meccanismi e le implicazioni etiche. Alcuni filosofi l'hanno considerata una forma di manipolazione, mentre altri ne hanno celebrato l'aspetto fondamentale nell'esperienza umana.

La seduzione, infatti, non è solo un fenomeno fisico, ma coinvolge profondamente la sfera emotiva

Bibliografia

Ainsworth, M. D. S., Waters, E., & Wall, S. (1979). Patterns of attachment: A psychological study of the strange situation. Psychology Press.

Aron, A., Brown, L. L., Fisher, H. E., Strong, G., & Mashek, D. (2010). Reward, addiction, and emotion regulation systems associated with rejection in love. Journal of Neurophysiology, 104, 51–60.

Aronson, E. (2006). L'animale sociale. Apogeo Education. Austen, J. (2013). Orgoglio e pregiudizio. Feltrinelli.

Jane Austen (2013). Orgoglio e pregiudizio. Feltrinelli

Bandura, A. (2023). Social cognitive theory: An agentic perspective on human nature. John Wiley & Sons Inc.

Bartels, A. (2023). Grundprobleme der modernen Naturphilosophie. Springer Spektrum. Bauman, Z. (2000). Liquid modernity. Polity Press.

Bauman, Z. (2000). Liquid modernity. Polity Press.

Blau, P. M. (2017). Exchange and power in social life. Hoepli.

Bowlby, J. (1996). Una base sicura. Applicazioni cliniche della teoria dell'attaccamento. Raffaello Cortina.

Boyd, D. (2014). It's complicated: The social lives of networked teens. Yale University Press. Breton, A. (2022). L'amour fou. Lettere Einaudi.

Byrne, D. (1961). Attraction and attitude similarity. Journal of Abnormal and Social Psychology, 62(3), 713-715. https://doi.org/10.1037/h0044721

Breton, A. (2022). L'amour fou. Lettere Einaudi. Byrne, D. (1961). Attraction and attitude similarity. Journal of Abnormal and Social Psychology, 62(3), 713-715. https://doi.org/10.1037/h0044721

Buss, David. (2013). The Evolution of Desire: Strategies of Human Mating. Basic Books.

Cacioppo, John T., & Hatfield, Elaine. (1997). Il contagio emotivo. L'incidenza delle emozioni nei rapporti con gli altri. San Paolo edizioni.

C Caretti, V., & La Barbera, D. (2010). Addiction. Aspetti biologici e di ricerca. Raffaello Cortina Editore.

Caretti V., Raggi M.A., Donnini C. (2009). Childhood neglect and parental care perception in cocaine addicts: Relation with psychiatric symptoms and biological correlates. Neuroscience and Biobehavioral Reviews 33 601–610.

Carr, Nicholas. (2020). The Shallows, What the Internet Is Doing to Our Brains. Norton & Company, Incorporated, W. W.

Caselli, G., Ruggero, G. M., & Sassaroli, S. (2017). Rimuginio. Teoria e terapia del pensiero ripetitivo. Raffaello Cortina Editore.

Cialdini, R. B. (2022). Le armi della persuasione. Giunti.

Clore, G. L., & Smeaton, G. (1986). The attraction hypothesis. Do similar attitudes affect anything? Journal of Personality and Social Psychology, 51(6), 1167–1170. https://doi.org/10.1037/0022-3514.51.6.1167
Cohen, Leonard. (2019). La Fiamma. Bompiani.

Da Col, Alessandro, & Pancia, Alessandro. (2021). La legge di attrazione scientifica. La formula matematica per manifestare ciò che desideri. Il Punto d'Incontro.

Dawkins, Richard. (2013). Il gene egoista: La parte immortale di ogni essere vivente. Mondadori.

De Boer A, van Buel EM, Ter Horst GJ. (2012). Love is more than just a kiss: a neurobiological perspective on love and affection. Neuroscienze; 201:114-24.

Deleuze, Gilles, & Proust, Marcel. (2001). Proust e i segni. Einaudi

Dimaggio G., Montano A., Popolo R., Salvatore G. (2013). Terapia metacognitiva interpersonale dei disturbi di personalità. Raffaello Cortina Editore.

Duckworth, Angela. (2017). Grinta. Il potere della passione e della perseveranza. Giunti Psychometrics.

Durkheim, Émile. (2021). Lezioni di sociologia: Per una società politica giusta. Orthotes.

Einstein, Albert. (2017). Come io vedo il mondo. Youcanprint.

Esch, T., & Stefano, G.B. (2005). The neurobiology of love. Neuroendocrinology Letters, 26(3), 175-192.

F letcher, Garth J. O., Simpson, Jeffry A., Campbell, Lorne, & Overall, Nickola C. (2019). The Science of Intimate Relationships. Wiley Blackwell.

Fisher H.E., Brown L.L., Aron A., Strong G., Mashek D. (2010). Reward, Addiction, and Emotion Regulation Systems Associated With Rejection in Love. Journal of Neurophysiology 104: 51

Fisher, Helen. (2017). Anatomy of Love: A Natural History of Mating, Marriage, and Why We Stray. WW Norton & Co.

Freud, Sigmund. (2010). Sessualità e vita amorosa. Newton Compton.

Fromm, Erich. (1978). L'arte di amare. Il saggiatore.

Gangestad, S. W., & Thornhill, R. (1997). Menstrual cycle variations and women's preferences for the scent of symmetrical men. Proceedings of the Royal Society of London. Series B: Biological Sciences, 264(1384), 297-302.

Gerra G., Leonardi C., Cortese E., Zaimovic A., Dell'Agnello G., Manfredini M., Somaini L., Petracca F.,

Gibran, Kahlil. (2000). Pensieri e Meditazioni. Mediterranee.

Goffman, Erving. (1997). La vita quotidiana come rappresentazione. Il Mulino.

Hall, Edward T. (1968). La dimensione nascosta. Il significato delle distanze tra i soggetti umani. Bompiani.

Heider, Fritz. (1990). Psicologia delle relazioni interpersonali. Il Mulino.

Hatfield, Elaine, & Cacioppo, John T. (1997). Il contagio emotivo. L'incidenza delle emozioni nei rapporti con gli altri. San Paolo edizioni.

Jung C. G. (1967). L'Io e l'inconscio. Boringhieri, Torino.

Jung C. G. (1968). Psicologia dell'inconscio. Boringhieri, Torino.

Jung C. G. (1980). Sull'archetipo, con particolare riguardo al concetto di Anima (1935-1954) in Opere IX Tomo I. Bollati Boringhieri, Torino.

Jung C. G. (1982). Aion: ricerche sul simbolismo del Sé in Opere IX Tomo II. Bollati Boringhieri, Torino.

Jung C. G. (1986). Lotta con l'Ombra (1946) in Opere X Tomo II. Bollati Boringhieri, Torino.

Jung, C.G. (1998). Ricordi Sogni Riflessioni. A. Jaffè (a cura di). BUR saggi.

Jung, C.G. (2012). Il libro rosso, Liber novus (a cura di) Sonu Shamdasani. Bollati Boringhieri.

Kabat-Zinn J. (1990). Vivere momento per momento. Tea Edizioni.

Kafka, Franz. (1983). La metamorfosi e altri racconti. Garzanti.

Kelley, Harold, Holmes, John G., & Kerr, Norbert L. (2003). An Atlas of Interpersonal Situations. Università di Cambridge Press.

Kenberg, Otto F. (1996). Relazioni d'Amore Normalità e patologia. Cortina.

Kinsey, Alfred. (1965). Il comportamento sessuale della donna. Bompiani.

Kinsey, Alfred. (1966). Il comportamento sessuale dell'uomo. Bompiani.

Köhler, W. (1998). La psicologia della Gestalt. Feltrinelli.

Koob G.F., Le Moal M. (2005). Plasticity of reward neurocircuitry and the 'dark side' of drug addiction. Nature Neuroscience.

Kringelbach, Morten L., & Berridge, Kent C. (2009). Pleasures of the Brain.

Lacan, Jacques. (2011). Seminario, libro XX Ancora 1972-1973. Einaudi.

La Mela, C. (2014). Fondamenti di Terapia Cognitiva. Maddali e Bruni.

Liotti, G., & Farina, B. (2011). Sviluppi traumatici. Eziopatogenesi clinica e terapia della dimensione dissociativa. Raffaello Cortina Editore.

McGinnis, Patrick. (2021). Fomo Sapiens. Impara a decidere senza farti travolgere da un mondo pieno di scelte possibili. Rizzoli.

McGonigal, Jane. (2011). La realtà in gioco. Apogeo Edition.

Mead, Margaret. (2017). Continuities in Cultural Evolution. Routledge.

Quintana, Mário. (2010). Per vivere con poesia. Graphe.it.

Melamed Andrea Florencia. (2016). Las teorías de las emociones y su relación con la cognición: Un análisis desde la filosofía de la mente; Universidad Nacional de Jujuy. Facultad de Humanidades y Ciencias Sociales; Cuadernos de la Facultad de Humanidades y Ciencias Sociales; 49; 5; 13-38.

Mischel, Walter. (1996). Lo studio della personalità. Il Mulino.

Myers, David G. (2013). Psicologia sociale. McGraw-Hill Education.

Morozov, Evgeny. (2019). L'ingenuità della rete. Codice.

Nabokov, Vladimir. (1959). Lolita. Gallimard NRF.

Neruda, Pablo. (2018). Poesie d'amore e di vita. Guanda.

Newcomb, Theodore M. (2012). Personality And Social Change: Attitude Formation In A Student Community.

Nieuwdorp, Max. (2024). Noi siamo i nostri ormoni. Codice edizioni.

Norwood, R. (2016). Donne che amano troppo. Feltrinelli.

Papanicolaou, A. C. (2004). Schachter y Singer y el enfoque cognitivo. Revista española de neuropsicología, 6(1), 53-73.

Papert, Seymour. (1980). "The Role of Computers in the Education of Children".

Papert, Seymour. (1991). Constructionism Research Reports and Essays, 1985-1990. Praeger Pub Text.

Papert, Seymour. (2020). Mindstorms: Children, Computers, And Powerful Ideas. Basic Books.

Pinker, Steven. (2015). How the Mind Works. Penguin Books Ltd.

Proust, Marcel. (2020). Alla ricerca del tempo perduto. Mondadori.

Reale, Giovanni. (1999). Corpo anima e salute. Il concetto di uomo da Omero a Platone. Raffaello Cortina.

Reynaud, M., Karila, L., Blecha, L., & Benyamina, A. (2010). The American Journal of Drug and Alcohol Abuse, 36:261–267.

Rogers, Carl. (1995). A Way of Being. Mariner Books.

Wilson Edward O. (2001). The Diversity of Life. Penguin.

Rushkoff, Douglas M. (2012). Programma o sarai programmato. Dieci istruzioni per sopravvivere all'era digitale. Postmedia Books.

Shakespeare, William. (2014). Romeo e Giulietta. Feltrinelli.

Schwartz, Barry. (2017). The Paradox of Choice: Why More Is Less. Harper USA

Seeman, P. (1980). Brain dopamine receptors. Pharmacological Reviews, 32(3), 229-313.

Sprecher, Susan, & McKinney, Kathleen. (2014). Sexuality. Sage, Series, on Close Relationships, Psychology Press.

Sparks, Nicholas. (2014). The Notebook. Time Warner.

Stendhal. (2022). Il rosso e il nero. Feltrinelli.

Turkle, Sherry. (2017). Alone Together: Why We Expect More from Technology and Less from Each Other (Third Edition).

Volkow, N.D., Fowler, J.S., Wang, G.J., Swanson, J.M., & Telang, F. (2007). Dopamine in drug abuse and addiction: results of imaging studies and treatment implications. Archives of Neurology, 64(11), 1575-1579.

Voltaire. (2015). L'ingenuo. Nobel.

Walpole, Horace. (1754). lettere.

Wedekind, C., et al. (1995). MHC-dependent mate preferences in humans. Nature, 377(6547), 706-709.

Weiner, Bernard. (2013). Human Motivation. Psychology Press.

Wilde, Oscar. (2022). il ritratto di Dorian Gray. Classic House Book.

Zeki, S. (2007). The neurobiology of love. FEBS letters, 581(14), 2575-2579.

Zillmann, Dolf, & Peter Vorderer. (2000). Media Entertainmen. Taylor & Francis.

Zizek, Slavoj. (2004). L'epidemia dell'immaginario. Biblioteca Meltemi.

Zuboff, Shoshana. (2023). Il capitalismo della sorveglianza. Luiss University Press.

La Seduzione
a cura di Michele Murgese

26
La Seduzione

Il tema della seduzione è arduo, complesso; Non ha barriere né limiti inflessibili di concettualizzazione.

Figura centrale della seduzione è la donna, creatura eternamente affascinante; e parlare del fascino è molto difficile. Il fascino non va definito, ma recepito e colto.

Molte realtà non hanno bisogno di definizioni. Ci sono alcune situazioni, come la stessa seduzione, o alcune persone che la esercitano, come la donna in particolare, che si definiscono da sé.

La donna, fissa come *angelo e demonio*, crea una dicotomia che è un difficile assunto interpretativo d'una realtà tanto grande quanto misteriosa.

È di estrema delicatezza affrontare la questione della donna considerata come *demonio*.

E intendo precisare che il concetto di *demonicità* non è da considerare in termini degeneri o di condanna, bensì nella accezione d'una energia e un dinamismo, capaci di elevare a poteri creativi le persone che subirebbero una particolare attrazione seduttiva.

La seduzione ha tanto del gratuito quanto del manipolatorio.

Circa la gratuità della seduzione, si vuole alludere al fatto che essa è fine a se stessa, nel senso che la persona che seduce e quella sedotta si contagiano reciprocamente, se ne compiacciono; e nessuna mira, intesa come insidia o trappola, è sottesa a determinare un'azione strumentale. Invece, alcuni guardano alla seduzione come a una provocazione, ha un momento infernale, ha una strategia lesiva, oltraggiosa nei confronti della persona che la subirebbe in modo indifeso e succubo, *glamourizzata* fortemente dall'altra persona seduttrice. A questo punto si innesca la manipolazione sleale e fagocitante.

Pare quasi che stia aleggiando una sorta di manicheismo su questo argomento che si ardisca a dividere l'universo dei sentimenti tra bene e male. Comunque, non è giusto demonizzare la donna vedendo in lei, a tutti i costi, un aspetto seduttivo demoniaco, ma è necessario piuttosto scorgere in questa "divina" creatura una grazia che naturalmente le appartiene.

Certo che esiste in lei un grande potere di "affascinazione" che è, a un dipresso, prerogativa dell'elemento femminile, in quanto la donna ha molte qualità per attrarre e sedurre più d'ogni altra creatura al mondo.

27

L'amore ideale

Può, la seduzione essere un fatto storico?

Deve essere vista in funzione del tempo, delle latitudini geografiche sotto le quali accade, oppure no?

A tale proposito, si deve parlare di seduzioni. Ritengo che molti aspetti seduttivi che una volta potevano sortire un effetto lusinghiero - o nefasto - per alcune personalità, in altri tempi potrebbero non funzionare più allo stesso modo.

Quando la seduzione prescinde da una base fortemente sentimentale e si disincarna dall'amore, diviene una sovrastruttura e, per riuscire, ha bisogno di ricorrere a forze esteriorizzanti, a apparenze, intese appunto nella misura di strategie avvinghiatici che hanno tempi di realizzazione relativi e misurati.

Questo si definisce calcolo - meglio (anzi peggio), inganno.

C'è, invece, una seduzione atemporale e atopica, per cui tutte le latitudini sono valide, come tutti i tempi: importante è che ci sia l'attrazione amorosa alla base e al vertice e che l'uno sia nel magnetismo dell'altro.

Oggi, la facilità dei rapporti intersessuali, la capacità di interscambio tra le persone di sesso diverso porterebbero ad allentare un po' il dato tensivo, la tensione attrattiva, facendo credere che la seduzione si sia ridimensionata, che il processo seduttivo non abbia più quella plica peccaminosa a cui ho alluso prima; oppure che la seduzione abbia il tempo che trova e trovi il tempo che ha.

Le più grandi imprese seduttive sono avvenute in epoche in cui la donna era di difficile conquista ovvero quando la donna fu "angelicata", perché frutto proibito e realtà inavvicinabile, creatura desiderata e divieto per un uomo (il più delle volte il poeta), essendo già essa 'proprietà' d'un altro uomo.

Tutta la letteratura occitanica, provenzale e tutta la scuola stilnovistica impartiscono queste dolci amare lezioni di attrazione-proibizione in riferimento alla donna tanto desiderata, così proibita e quindi idealizzata, molto preclusa e perciò acclusa poi all'intimo, segreto stato d'animo dell'amore del poeta.

E eroi, nonché vittime di questo fenomeno dell'innamoramento per attrazione e seduzione, saranno in tanti nel Medioevo, in quell'epoca storica in cui d'amore e di morte ci si nutriva.

Si parla di giullari, di uomini che amano la poesia 'girovaga', di cantastorie, di *minnesänger*, di trovatori, di Fedeli d'Amore, di stilnovisti; soprattutto di coloro che si regolamentano e si ordinano presentando una materia descrittiva che è il loro decalogo d'amore.

Da noi Guido Guinizzelli, Cavalcanti, Lapo Gianni, Cino da Pistoia - senza voler citare i grandi, la cui fama e i cui nomi sono scontati e ovvi - guardano alla donna come a una creatura di sublime indiamento, dopo che questa abbia sedotto intimamente il cuore del poeta che trasforma la carne dell'amata creatura in uno spirito immortale.

Avvengono straordinarie metamorfosi, per cui molte crisalidi diventano farfalle e molte farfalle s'inebriano al nettare della poesia del suo cantore talvolta in modo altèro e irriconoscente.

Cosicché molte donne assurgono ai cieli della fama in uno *sposalizio ideale del poeta* che, non potendo coronare un amore terreno con la donna proibitagli, ne idea uno platonico e iperuranio.

Beatrice, anche dopo la sua morte, continuerà a sedurre Dante; e, nella memoria del Poeta, la *donna gentile* ingigantirà sempre più, fino a toccare le sublimi vette della *Divina Commedia*, suo grandioso capolavoro.

28
Il poeta, il cavaliere e il mercante

In età medievale, i grandi seduttori erano il poeta, il cavaliere; anche il mercante.

Il poeta seduceva con la parola; il cavaliere, con la spada.

Il mercante seduceva col denaro.

Il poeta riponeva nel verso la sua forza d'attrazione; e, quando la esercitava su una donna, provava l'intimo piacere di sentirsi, lui il vero sedotto.

Mentre si prefiggeva di sedurre, in realtà subiva la seduzione.

E il merito era da attribuire a quella donna ammaliatrice che gli avrebbe dato conferma d'uno straordinario potere creativo e dell'efficacia di una "virilità spirituale".

Il cavaliere, ben issato in sella, armato di tutto punto, con l'elmo coprente lo sguardo che scorgeva ma non era scorto, lancia in resta tesa al bersaglio, dava di sprone al cavallo verso nobili imprese dedicate a una donna ideale, alla quale aveva legato il suo cuore.

È, di quella donna, era così invaghito da sfidare la morte senz'alcuna paura. È, per devozione e ardimento, lui, il cavaliere, seduceva.

Stavo per dimenticare il mercante.

Questi faceva del denaro la sua ragione di vita esercitando, mediante esso, un'azione seduttiva vanagloriosa.

Ma tutti erano cavie della donna: il poeta pensava di
' cantare ' ma subiva il canto; il cavaliere s'illudeva di
difendere ma avrebbe avuto più, lui, bisogno di difesa
che non l'altra.
Il mercante che avesse febbrilmente accumulato ingenti
somme, non avrebbe forse mai più avuto tempo di
spenderle oppure le avrebbe viste dilapidate, in poco
tempo, da una donna falsamente amata.
Comunque, chi avrà più potere di conquista (o d'esser
conquistato) sarà il poeta che, con suasione, dolcezza di
modi e di parole, farà breccia nel cuore dell'amata.
Purtroppo, molte volte gli strali amorosi si torceranno
invece sul cuore dello stesso poeta e la sofferenza
d'amore sarà univoca e 'autobiografica '.

Aggiungo, in calce, che i castelli medievali, abitati da un
numero di uomini superiore a quello delle donne, erano
teatro d'azione del poeta che riusciva a avere la meglio,
grazie al potere e al fascino della parola.
A distanza di molti secoli, Gabriele D'Annunzio dirà:
"La parola è tutto".
Il potere persuasivo della parola è incommensurabile,
incalcolabilmente grande; ovviamente, anche quello
dissuasivo.

29
Oscar Wilde: seduttore di se stesso

"La bellezza è superiore al Genio poiché non richiede alcuna Spiegazione."

Oscar Wilde

Ma, più della parola, il potere seduttivo è riposto nello sguardo. Gli occhi negli occhi sono il veicolo per un interscambio amoroso.

È negli sguardi l'esplosivo dell'amore, la scintilla innescatrice d'un incendio che, se divampa, non può essere facilmente spento, se non dalle ceneri dello stesso amore.

Una donna, munita di uno sguardo magnetico, affascinante e intenso, riesce a *glamourizzare,* è capace di attrarre più di qualunque altra cosa.

Molte volte gli occhi della donna amata sono lo specchio in cui rimirare la propria vanità e la limpida superficie luminosa in cui riflettersi e a cui attingere il proprio narcisismo.

Verrà la morte e avrà i tuoi occhi recita Cesare Pavese; ma saranno gli occhi di Constance Dowling a sopravvivere al finale addio del poeta delle langhe piemontesi, che dovrà cedere i suoi occhi alla morte prima che non la sua donna amata.

La seduzione comporta anche la morte, non solo l'amore.

E, se "il mistero dell'amore supera quello della morte", per dirla con Oscar Wilde, il mistero della seduzione - direi - supera tutti gli altri misteri.

Il Grande genio di Dublino aveva capito il portentoso effetto che insorge dalla seduzione; e la rinomata opera *Salomè* racchiude il tema dominante della seduzione, in virtù della vissuta esperienza dell'autore.

La seduzione venne esercitata da due figure, Giovanni Battista e Salomè.

Il profeta seduce Salomè senza esserne mai sedotto.

E la avvenente donna che fa impazzire tutti per la sua bellezza e sensualità non suscita alcunché nel Battista che prova a ripugnanza per lei.

Un giovane siriaco, che s'ammazza perché sedotto dallo sguardo di Salomè, era stato già in precedenza avvertito con presaghe parole:

Tu la guardi sempre: la guardi troppo.

Non si deve guardare la gente in questo modo...

Può accadere una disgrazia.

Il bellissimo giovane s'ammazza - a mio parere - perché il suo cuore non corrisposto non regge al fascino fatale di una donna che, invece, pretende a tutti i costi il cuore di un altro uomo, Giovanni Battista, che è refrattario alla seduzione.

Perciò, chi vorrebbe essere sedotto non è degnato nemmeno d'uno sguardo; e Salomè che vorrebbe sedurre il profeta non vede attecchire la sua voluttà su lui, bensì su Erode per il quale non prova alcun piacere.

E infine impazza in una danza che sarà schizofrenicamente vendicativa; danza che arieggia i moti d'una serpe: prima viscidi, lenti, compassati, dopo più ancheggiati, in chiusura spiraliformi vorticosi fagocitanti.

Una viscida reptazione.
 Il compenso?
La testa del Battista.
Il prezzo della seduzione può anche essere una testa.
Forse per questo, si suol dire *perdere la testa per una donna.*

Oscar Wilde fa morire Salomè schiacciata dagli scudi. Il paradosso! Gli scudi che dovrebbero servire per difendere, ora devono offendere, uccidere.
Qui gladio (clipeo [scudo]) ferit, gladio perit.
Questa volta di scudo. Ma qual era lo scudo di Salomè? La presunta difesa o immunità a non sentirsi mai sedotta.
Invece...
Wilde fu grande, valeva quanto pesava. E devo dire che di peso corporeo ne aveva; e la valutazione non la facciamo in oro, nemmeno in platino, ma in termini spirituali.
E, poiché la sede dello spirito è la mente, Wilde aveva una grande mente, anche un grande cuore. E con la mente e col cuore seppe sedurre; poi la parola fece il resto.
La sua eloquenza fu l'apoteosi d'un seduttore che giocava con le parole come un bimbo giocherebbe con i propri giocattoli stupendo sé stesso o un prestigiatore giocherebbe con i suoi foulard multicolori stupendo gli altri.
E non era retorico; sapeva indorare la pillola non più del necessario.

E, per questo, superò - a mio modesto avviso - D'Annunzio che, altro grande seduttore e orafo della parola, conferiva indorature stucchevoli e talvolta esagerate per alcuni palati avvezzi al sobrio e all'essenziale.

Con Wilde si offre il dessert a fine pranzo; con D'Annunzio il pranzo è il più delle volte sempre a base di dessert, e questo può far male.

Quale seduzione conobbero i due geni, maestri di seduzione?

Liquidiamo D'Annunzio dicendo che lui pensava di sedurre ma fu un eterno sedotto, più un Casanova che s'innamori e soffra per alcune donne, anziché un don Giovanni che inveisca sui cuori delle donne fino al possesso totale e conseguente crudo abbandono.

Ovviamente una personalità complessa, seducente ma anche sedotta, affabulante ma anche 'affabulata', fu quella di D'Annunzio.

Oscar Wilde, al contrario, è sempre seduttore.

Pochi, se non proprio nessuno, ebbero il potere di sedurlo.

Fu solo sedotto dall'arte, anzi - meglio - dal suo genio, da se stesso.

Oscar Wilde fu sedotto da Oscar Wilde.

Nemmeno *Bosie*, il suo Alfred Douglas, riuscì a sedurlo come si deve.

Alfred Douglas fu il suo Dorian Gray; e, poiché il Genio amava talvolta dare anche corpo alle sue idee, si scelse un'amicizia che avrebbe incarnato il suo mondo interiore, spirituale.

Wilde fu fedele al suo ideale di seduzione, al suo modello seduttivo.

E Alfred fu recuperato anche dopo il carcere patito da Wilde a causa di Alfred stesso, perché per il poeta il vero amore supera ogni odio e non c'è pena più grande del carcere della solitudine, della lontananza dalla persona che si ama.

Si rincontrarono.

Due persone che si amano, nel rinnovare gli incontri, rievocano quel primo incontro che sprigionò la scintilla della seduzione innescando poi l'incendio della passione.

Ma attenzione alle passioni!

È bene che, quando la fiamma divoratrice della passione si sia espansa, resti sempre, sotto la cenere, quella brace che è il calore dell'amore e degli affetti.

Affetti che sono lenti a estinguersi quando alimentano nostalgici focolari.

Ci sono i piromani dell'amore, i passionali, coloro che amano farsi sedurre dal proprio masochismo, coloro che, come kamikaze, si sfracellano sugli amori morbosi per distruggersi e incenerire in essi.

Sono, questi, militi maladdestrati dall'amore, pazzi erotomani educati nelle palestre della violenza su se stessi e sugli altri.

Gente pericolosa che va alla ricerca di seduzioni d'una lega bassa e di non alto bordo, anzi da bordello.

Sono, questi, autolesionisti.

Ahinoi, nel genio alcune volte coesistono le due personalità, del seduttore nobile e del sedotto autolesionista, di colui che seduce migliorando l'altro e di colui che si fa sedurre per provare le emozioni della seduzione quand'è subita dall'altro.

E, i grandi che trovano di essere i migliori, pagano il prezzo d'una inconscia o consapevole presunzione e, nel voler farsi sedurre, non trovano persone elevate da cui essere sedotte; in fine si fanno così sedurre paradossalmente, non poche volte, dalle persone sbagliate, figure mediocri, immediocrendo se stessi, o addirittura losche.

Scriveva Oscar Wilde:

"Le donne perverse sono più attraenti di quelle virtuose".

E ben sapeva che il suo corpo come quello di san Sebastiano, pieno di ferite, per lui morali, avrebbe potuto trovare solo donne virtuose per essere curato.

Pure virtuoso fu il gesto della signora Carew che pagò il monumento funebre allo scrittore, opera di Jean Epstein; un grande sarcofago sormontato da una sfinge androgina che sta spiccando il volo verso i misteriosi cieli dell'Eternità, la cui seduzione è così forte per quelli che credono e debole per gli increduli.

E pare che pochi credano realmente in essa perché, se si credesse davvero nell'Eternità, molti si lascerebbero sedurre piacevolmente da Dio compiendo quello che Lui vuole.

30
La seduzione allo specchio

Lo specchio è il nostro banco di prova; è il tribunale della nostra anima, la sbarra dove siamo indotti a sostare per confessare le nostre colpe o deporre sulla nostra innocenza.

Nel chiuso delle nostre stanze, lontani da occhi indiscreti e delatori, molte volte interroghiamo lo specchio su quello che noi siamo o non siamo.

Se pochi sono coloro che affidano allo specchio la sentenza dei vizi e delle virtù, molti invece quelli che fanno dello specchio uno strumento vanitoso di seduzione, anzi di autoseduzione.

Specchiandoci, ci sdoppiamo, generiamo altri 'noi stessi', viviamo la suggestione di condurre l'immagine astratta d'un noi etereo là dove vuole il noi corporeo.

L'immagine riflessa obbedisce passivamente ai nostri gesti, duplica tacitamente le nostre voci, i nostri richiami.

È, lo specchio, una eco muta, la ripetizione di altri noi, quasi una copula, un duplicare o moltiplicare realtà fisiche che si spiritualizzino in qualcosa d'impalpabile.

Se volessimo accarezzare i nostri volti che si rispecchiano, non si dovrebbero lambire le superficie degli specchi, ma palpare noi stessi, continuare a non perdere il contatto con noi, col nostro corpo, tangibile, presente, vivo.

Lo specchio seduce perché ci sdoppia, perché ci permette di ottenere nel riflesso quello che vogliamo di noi stessi: il vero "doppio", il massimo della somiglianza.

E la nostra immagine rifranta è l'ideale più ideale che appaga l'intimo desiderio di ottenere quello che la realtà esterna, e non speculare, ci proibisce o ci offre con una illusorietà il più delle volte da disinganno, smagante.

Lo specchio è magico perché riferisce quello che vogliamo, ricostruisce quello che amiamo, quello che gli altri vogliamo che siano attraverso noi stessi.

E, qui, la seduzione; è qui la seduzione.

"Specchio delle mie brame, chi è il più bello del reame?" si chiederebbe la donna, desiderosa d'un principe azzurro, cercando forse più la conferma nella vanità propria che non l'esigenza d'un altro, più il piacere d'un autoerotismo che non l'aspirazione a riempire di due corpi quella superficie speculare bastante per un corpo solo.

Gli specchi, anche se grandi, non sempre contengono volentieri più della propria immagine nel narcisistico desiderio di essere soli a specchiarci e non in due, peggio in molti.

Quando si è in tanti a rifletterci, pare quasi che gli specchi siano deformanti o falsi.

Per questo, forse, preferiamo specchiarci uno alla volta senza sovrapporci, né affiancarci.

Due amanti si specchiano; l'uno è già lo specchio dell'altra, entrambi si amano e sono simili, se non proprio uguali.

(La uguaglianza è qualcosa che si spiega in termini spirituali.)

Il volto di lui si compiace del volto di lei; e guardarsi negli occhi è come rimirarsi allo specchio.

Non sarà più necessario specchiarsi in altri specchi per riconoscersi!? No; ciascuno continuerà, dopo il volto della persona amata, a cercare lo specchio reale per rivedere solo se stesso. Infine, capiremo che ci si ama da soli.

L'altro era soltanto un pretesto per il proprio amore. In fondo, se uno specchio seduce, è perché noi ci autoseduciamo, noi amiamo sedurre noi stessi.

Nella nostra casa, lo specchio è una suppellettile vana, appunto per circoscrivere la nostra vanità che è così evanescente da doverla imprigionare in una superficie, coglierla in uno o infiniti attimi, fissarla nella memoria. La nostra memoria, che è certamente lo specchio portatile della vanità quotidiana.

Quando non ci saremo più, quello specchio di quella parete, di quella stanza non rifletterà più la nostra immagine; mentre la memoria di quelli che ci hanno amato continuerà a essere specchio per se stessi della nostra memoria.

In fine, a specchiarsi è lo spirito; perché dei volti si potrà anche non più avere ricordo, ma delle anime il riflesso è immortale.

Questa è la più grande seduzione; quella ideale. Vedere il proprio amore riflettersi nell'amore degli altri, attraverso lo specchio della memoria.

31

La seduzione della voce

C'è una sonorità della voce che è l'energia psichica di ciascuna persona; e una spiritualità della voce che è la sublimazione della stessa energia.

Se lo specchio riflette la nostra condizione fisica, la voce riflette la nostra condizione morale.

La voce, se possiede un timbro efficace, dolcemente ovattato, potrebbe sortire effetti seduttivi, pari a quelli d'uno sguardo avvincente.

L'eufonia è la condizione d'un suono vocale ben focalizzato, armonioso, che avrebbe il potere di placare gli animi inquieti, ammansirli e narcotizzarli.

Una voce eufonica, spirituale, è modulata come un oboe dal suono carezzevole e nel contempo penetrante; è una riuscita anestesia per subire qualsiasi ferita, qualunque offesa.

Talvolta, un timbro di voce poco seducente è pari a un bisturi che incida crudamente sulla carne; e, nonostante efficace sia stato quell'intervento, l'inadeguata sonorità vocale lascia dei postumi che somiglieranno a brutte cicatrici difficilmente dimenticabili.

Come ben ci facciamo sedurre dalla dolcezza di una vocalità echeggiante materni affetti, così di contro si potrebbe distruggere un amore con una parola proferita rudemente.

I più grandi seduttori hanno posseduto voci melliflue e carezzevoli.

Molte voci dolci nascondono l'aspide velenoso della seduzione subdola e faziosa; altre sono dolci quanto un cuore sincero e d'una trasparente bontà.

La voce si muove sul pentagramma della vita e suscita infiniti suoni; ora piacevoli ora disarmonici e infelici.

Ciascuno di noi dischiude le proprie labbra come spartiti d'una sinfonia, quella dell'anima, in cui i suoni sono lineari e ondivaghi. E ci sono quei timbri dominanti o variazioni sul tema che caratterizzano un'anima, a volte ingenuamente supplice, altre volte nevroticamente ossessa.

Molte voci insorgono dalle regioni al di sotto del cuore e muovono dai sensi, se non dalle bassezze. Altre voci collimano con le azioni per verità e trasparenza.

C'è una voce che seduce nel silenzio: quella dell'Amore.

Poi, ci sono state - e ci sono - voci che hanno sedotto al grido elevato della difesa della giustizia.

Altre hanno pur gridato, ma fingendo giustizia e difesa; erano ipocrite, sono ipocrite.

Hitler col suo timbro metallico e stridulo ha sedotto folle intere ma la Storia ha ammutolito le sue grida, i suoi gridi, sotto una coltre di ceneri innocenti.

Voci armoniche hanno meglio sedotto nel sussurrare la Verità e l'Amore.

Chi ama sussurra il proprio amore.

Nelle nostre orecchie risuonano voci d'un candore inobliabile e d'una dolcezza sempre desiderata; sono quelle che difficilmente si dimenticano.

Anche difficilmente si dimenticano quelle voci che abbiano offeso e aggredito; ma sono quelle voci che non avranno mai avuto il grande potere della seduzione.

Come della nostra immagine vista nello specchio resta un riflesso, così delle nostre parole udite risuona un'eco. I greci amavano personificare le realtà spirituali e crearvi un mito, suscitare lirici suoni, ideare simboli e immagini allegoriche riuscendo, attraverso questo mondo fantastico, a veder meglio e udire meglio.

Eco, la ninfa dei boschi, non corrisponde all'amore di Pan e viene fatta dilaniare dai pastori e ridotta a una voce che ripete le ultime sillabe delle parole che sono pronunciate.

Eco amava invece Narciso che non amava la ninfa, perché lui era troppo preso dalla bellezza del volto, il proprio, che rimirava nella superficie delle acque.

Eco, dalla bella voce, non trova le attenzioni del giovane Narciso dal bel volto.

In questa mia interpretazione, pare che le due creature non s'incontrino sulla stessa base di emozioni, perché l'una possiede le qualità psicofisiche che sarebbero dovute appartenere all'altra.

Eco, raffigurazione della femminilità, avrebbe dovuto possedere la bellezza del volto oppure che il suo volto incantasse più della voce; Narciso, che non fu mai la mascolinità razionale, avrebbe dovuto incantare maggiormente con la sua voce, ma lui è muto a contemplare l'immagine seducente del suo volto in un silenzio che angoscia.

(Oscar Wilde interviene saggiamente: "Le donne, secondo alcuni, amano con gli orecchi, proprio come gli uomini amano con gli occhi; se pur tuttavia amano".)

Purtroppo, Narciso non vede né sente Eco, e non se ne innamora troppo preso com'è dalla sua immagine.

Eco, a sua volta, vaga tra valli e monti senza udire mai Narciso né vederlo, incantata dalla propria voce e inseguendone il suono.

Questo è l'apoteosi del narcisismo e dell'autoseduzione. Forse Eco vorrebbe amare l'altro, ma realmente continua a invaghirsi di se stessa, della sua voce; è vittima del culto della parola, il *Logos*, che apparterrebbe più agli uomini.

Ma Eco non è un uomo; lo è Narciso. Narciso è vittima del culto della propria immagine, l'*ikona*, che appartiene alle donne.

Ma Narciso non è una donna; lo è Eco.

Questo chiasmo, questo incrocio snatura i ruoli e decreta una condanna per essere stati innaturali; per cui Narciso annegherà nella propria immagine, Eco sarà condannata a ripetere solo le ultime sillabe di parole non comprese.

È una forma di psittacismo, una ripetizione pappagallesca di quanto proferito.

Per i greci il Logos, la parola, il pensiero, la ragione, appartengono agli uomini; l'Eros, l'amore sprigionato dalla bellezza d'un volto in vena d'amare, il sentimento, appartengono alla donna che incanta e ammutolisce.

Per cui in amore il Logos maschile tace e l'Eros femminile si prende la sua ripetuta rivincita stabilendo il dominio e il suo potere.

L'arma della seduzione è la nemesi storica, una vendetta a distanza, oggi ancor più incisiva di ieri, da parte della donna che la esercita sull'uomo, sul pensatore, sul filosofo, sul poeta.

La donna la pianta, quest'arma, nel costato dell'uomo che soffre eternamente per lei.

E il sesso debole, che debole non è poi mai stato, diventa ancor più forte e dominante, trionfa su tutti e su tutto.
Anche Narciso affogando per amore pronuncia le ultime sillabe di alcune parole quanto eco.
E come si permette?!
Fatale e paradossale vendetta; assurdo epilogo.

32
La seduzione delle mani

Dante Gabriele Rossetti, pittore preraffaellita di squisita bravura, ha attribuito alle mani un grande potere seduttivo.

Le mani di *Proserpina*, un personaggio noto della sua opera riveniente dal mito greco ancor più noto, sono diafane, affusolate, compostamente armoniche.

La mano destra poggia, come a trattenerla e a non farla sfuggire, le sue candide dita sul polso della mano sinistra.

Quest'ultima impugna una melagrana di cui il valore simbolico meriterebbe una descrizione a parte.

Quello che incuriosisce - da una mia attenta osservazione - è la impostazione delle dita attorno al frutto degli inferi, e non a caso.

Le dita formano la delineazione d'un capro, d'un essere demoniaco che verrebbe meglio osservato, e identificato, se il gesto fosse proiettato a mo' di ombra cinese dietro un lenzuolo adeguatamente illuminato.

Avremmo Belzebù: il dito indice e quello medio formerebbero le due corna del capro infernale; l'anulare e il mignolo formerebbero il muso rincagnato e cascante.

Perché, poi, la melagrana è tra queste dita come imprigionata? La melagrana è il simbolo della femminilità, sensuale e procreante, seminifera e prolifica, deiscente e rigenerantesi, rubescente e misteriosa.

Ha tutte le caratteristiche fitologiche per essere un perfetto attributo della donna, quasi la matrice femminile.

Plutone che la sottrae alla madre, Demetra, per farla sua e la porta nell'Ade, è divenuto poi, nella cultura cristiana, Satana che prende potere sulla donna col peccato originale.

La romana Proserpina - che per i greci sarà Persefone - scompare nelle profondità della terra.

Sua madre, implorando presso Giove, o Zeus, la restituzione della figlia, la ottiene solo per alcuni mesi dell'anno, durante la primavera.

Non può essere restituita per sempre alla madre, perché Proserpina, tentata dal rapitore, mangia un chicco di melagrana che la obbliga, secondo gli ordini divini, per aver rotto il digiuno, a restare negli Inferi.

(Anche Eva si lasciò tentare e violò un ordine, quello divino.)

Proserpina e Eva, entrambe legate al dio delle tenebre: entrambe sedotte.

Eva mangia il frutto dell'albero del bene e del male, conosce il piacere della carne, l'orgasmo che le dà una felicità tale da sentirsi, insieme con Adamo, simile a Dio.

Anche Proserpina assume il seme della melagrana; in verità conosce quel piacere orgasmico che, togliendole la verginità, la costringe a restare gravida sottoterra per ritornare alla luce in primavera nel concetto di rigenerazione, proprio d'una vita che nasce e si rivela al mondo.

Il prezzo della seduzione è diviso tra nascondimento e parto d'una nuova vita che avrà tutte le potenzialità o virtualità per riciclare un processo ancestrale di vita-morte-rinascita, sino alla consunzione dei tempi.

Le mani fervide e voluttuose di Plutone avvinghiano la pudibonda Proserpina; ora Proserpina avvinghia la melagrana, la propria femminilità, per non farsela sottrarre - oggi diremmo scippare.

Ma il gesto inconsciamente forma con le sue dita - come è stato già detto - la silhouette del suo seduttore nelle spoglie dello stesso altro seduttore che, *mutatis mutandis*, pe mise la deflorazione di Eva.

La donna nel difendere la propria femminilità, e la sessualità, è così infernale da essere sotterraneamente misteriosa.

E, di questo mistero, diventa signora facendo pagare a tutti quelli che, come Plutone, abbiano voluta rapirla (o violentarla), il prezzo d'una sofferenza che somiglia alla morte.

Per cui, amare è anche morire.

E sa lei solo quando ceder la mela-grana e a chi cederla. Stranamente chi esperisce, chi mette in atto tutte le tecniche seduttive perché la donna offra il proprio frutto (proibito), non s'accorge che a sedurre è proprio lei, sia quando lo cede presto, questo frutto, sia quando ne ritarda l'offerta, e il fatale gesto oblatorio.

E così corriam l'alea di cogliere una melagrana acre e interiormente bacata, mentre l'avvenente apparenza dolcemente ingannava.

Ma che fine hanno fatto, dove si sono nascoste, le mani su cui ho concettualmente esordito all'inizio del capitolo che va chiudendosi?
Ah, si; le mani sono quelle importanti parti del nostro corpo che seducono; che sanno sedurre quanto la parola nell'imposizione d'un silenzio prolungato e sedurre quanto gli occhi in una notte buia che avvolga un giaciglio d'amore in una stanza oscura.
Le mani sanno dove andare e le porta là dove vuole il cuore. E il cuore pare sia il frutto succoso e seminale di cui le mani con le loro dita sono le radici.
Ma non vi sembra troppo poco quello che ho scritto in questo capitolo per poterlo intitolare "La seduzione delle mani"? No.
Perché già prima di questo capitolo, con in cima il cuore e la mente, frutti del mio essere, mi sono servito delle mani, proprio delle mani per vergare quanto esposto.

33
La Fama

La natura, nella sua geologica Epifania e nei paludamenti stagionali che la rivestono d'aspetti mutevoli e multicolori, seduce senza turbare, a differenza della donna che nel sedurre può fortemente turbare.

Il turbamento, qualora sia suscitato dalla natura, ha del sublime e del trascendentale.

Eppure, molte volte la tettonica naturale, nella sua pluralità di forme e di strutture, duplica la mappa anatomica del corpo femminile e crea associazionismi o parallelismi capaci di inconscie fantasie erotiche.

Poco quindi, lontan nel sen del monte scaturia mormorando un picciol rio.

È un distico; sono due versi del tormentato Torquato Tasso, tratti dal *Duello di Tancredi e Clorinda* nella *Gerusalemme liberata*; e, alla fine del primo verso, il poeta accenna allo scaturire d'un rivo da un'incavatura naturale definita "seno" e che non proibirà alla fantasia umana di pensare a quello d'una donna.

Dopo pochi secoli, la forza seduttiva d'un paesaggio collinare, così suggestivo e sconfinato, farà esclamare Giacomo Leopardi in meravigliosi versi che chiudono un incanto: .... *Così tra questa Immensità s'annega il pensier mio: E il naufragar m'è dolce in questo mare.*

È *L'Infinito.*

Qui, nessuna fantaerotica rimembranza immediatamente insorge, ma un probabile retroattivo pensiero orgasmico presto sovverebbe, assaliti, noi, dalla sonora sensualità del verso.

La natura è genitrice; e ha morfologie e simbolismi che coniugano incestuosamente ciascuno di noi con la Grande Madre Gea da cui nasciamo e in cui entriamo alla fine della vita.

I prati potrebbero essere i verdi capelli d'una dolce fanciulla, ravviati dal sole col dorato pettine dei suoi raggi.

E la natura così ci acquieta offrendo a noi paragoni in cui andiamo a recuperare il candore d'un amore angelicamente asessuato.

Non c'è seduzione più ineffabile di quella d'un corpo in vesti adamitiche che corra su un verde prato inseguendo il vento o inseguito dal vento.

Quando Apollo, dopo un affannoso inseguimento, strinse a sé Dafne per godere delle sue grazie, la ritrosia della ninfa e il suo pudore convinsero Zeus a trasformarla in alloro per evitare l'indesiderato amplesso.

Il poeta insegue il piacere solo per trasformarlo in poesia; del piacere non sa che farsene: è la poesia il suo vero piacere. Per questo, lui preferisce le situazioni difficili e proibite.

O, se facili e permissive, le rende a lui difficili e proibite ancora in altro modo.

Rincorrendo la seduzione, il poeta è un Apollo che vuol restare vittima della stessa seduzione e inoltre vuole che l'alloro, in cui si trasforma colei che ama, coroni le sue tempie per la sua gloria.

Se c'è una pianta che seduca, questa, più delle altre, è l'alloro dall'intenso verde fogliame della speranza e dalle bacche nere quanto l'inchiostro che si verserà per inseguire questa speranza, ma della propria gloria.
Ecco la Fama.

34
La grande Seduttrice

Tutti cercano affettuose braccia in cui riposare, ma pochi sanno che non c'è abbraccio più seducente di quello della Morte.

Ich bin nicht wild,

sollst sanft in meinem

aznem schlafen

(lo non sono crudele, nelle mie braccia dormirai dolcemente)

Con queste parole la grande Seduttrice si rivolge all'uomo per strapparlo alla paura dell'ultima ora e persuaderlo al sonno eterno.

Così recita un poeta tedesco che non ha voluto svelare il suo nome, proprio per non assumersi la responsabilità d'un invito poco convincente.

La tomba, che è l'ultima dimora del nostro fragile corpo, si aprirà a noi come braccia di un'amante per accogliere il freddo epilogo delle nostre cadute illusioni.

E, affinché si continui a tenere in vita la speranza d'un nuovo incontro, qualche epigrafe sfoggerà la menzogna d'un   amore   terreno.

Chi è stanco di vivere non teme di congiungersi finalmente con quella misteriosa Signora che nel sedurre non ingannerà mai.

Non c'è verità più vera della fine; e, se nascere è sempre un dubbio, una volta nati, non c'è dubbio che si dovrà finire.

Seducimi, o bellissima Signora del Mistero, e imprimi sulle mie labbra il tuo eterno bacio che ha il profumo del cipresso in primavera e la forza dell'edera attorno al suo tronco.

Stendi sui sentieri sconosciuti dell'Eterno un tappeto di asfodeli su cui imprimere le mie orme, affinché l'incontro con te sia meno tetro e i Campi Elisi alle sue fonti lustrali mi accolgano.

Là io mi disseterò come mi dissetarono le bocche che furono avide della mia bocca.

Percorrerò in un lampo la storia degli uomini e la cultura e l'arte e i loro sogni, per poi superare del tutto le umane barriere e dilagare così nell'immensa luce di Dio.

E conoscerò il Signore vero della Seduzione che punirà il falso seduttore.

E per un attimo avrò la gioia di vedere il bellissimo volto di Colei che ne schiacciò il capo.

E forse mi pentirò di non averla amata più di quelle altre donne che di Lei non furono nemmeno la polvere dei suoi calzari.

Vieni, o bellissima Signora del Mistero, perché il fascino di quello che è sconosciuto superi tutti i fascini dei piaceri terreni.

E, se il Nemico si insinua nella mia mente e insidia il mio calcagno, per condurmi su false vie, tu offrimi la fede di credere ancora, la speranza di non eternamente morire e la certezza del Domani.

Appendice

35
L'amore per il poeta

La creatività divampa maggiormente nella mente dei poeti a cui sia stato posto il divieto d'amare.

L'assenza della persona amata rinfocola il sentimento amoroso; e il vuoto che si viene a determinare per la lontananza di chi si ama dev'essere colmato, se non si vuole soffrire.

I sogni sopperiscono a una tormentosa lacuna; e molti poeti amerebbero con minor travaglio, se quel vuoto fosse riempito dalla presenza della donna desiderata.

L'uomo ha bisogno d'un amore ideale, pur sapendo che l'ideale è irraggiungibile.

Quanto più si è sensibili, proclivi ai sentimenti, devoti alla poesia, tanto più si diviene prede dell'amore.

Coloro che si amano dovrebbero essere compresi: entrano in un ineffabile situazione d'attrazione psichica da rendere difficile qualsiasi intervento di separazione di uno dall'altra.

Ci si sente talvolta impazzire; impossibilitati a venir fuori da una stretta morsa.

È come sprofondare nelle sabbie mobili, precipitare in un vuoto senza fine. Comunque, amare è meraviglioso; appartiene a pochi; è un dono che gli dèi concedono solo a alcuni.

Dopo un amore, difficilmente si dimentica una persona che si separi da noi.

Chi ha fatto esperienza dell'addio, dell'abbandono, e abbia tentato di convincere sé e alcuni a poter scoprire nel mondo tante altre cose belle che avrebbero dovuto far obliare quell'amore perduto, poi si è accorto che nulla sarebbe stato in grado di cancellare dalla sua mente un ricordo tanto indelebile, un dolce viso che si stampa nella memoria sino alla morte, e forse anche dopo.

Basta ben poco a riacutizzare la nostalgia della persona amata, a riaprirne la ferita: uno sguardo può rievocare quell'altro sguardo, una parola richiamare quella voce, un sorriso riaccendere quella luce sospesa sul crinale della memoria come un sole che stenta a tramontare.

L'amore ci trapassa l'anima con un dardo infuocato che divora tutta la mente.

Chi è colpito da questa acuminata punta soffre molto, pur provando una diffusa gioia che a tratti serpeggia nel suo corpo.

Si vivono ambigui stati d'animo e sensazioni uniche, infinite.

Coloro che deridono le creature che sono profondamente innamorate non avranno mai, forse, amato davvero oppure avranno dimenticato il tempo in cui anch'essi furono presi dal vortice amoroso.

I poeti s'innamorano con una veemenza sconcertante e travolgente.

Generalmente, sono persone passionali e folli d'amore.

Molte volte, la poesia diventa per il loro cuore esulcerato un lenitivo; altre volte nemmeno la poesia basta a placare l'ardore della passione.

Alcuni poeti, cedendo all'immane forza del pathos amoroso, non hanno trovato altra soluzione che il suicidio.

Vedi Cesare Pavese, il grande cantore di Constance Dowling di cui sentirà tragicamente l'assenza quando lei partirà in America per vivere là per sempre.

Un addio che scaverà nella coscienza del poeta una voragine di sofferenza che nessun'altra donna potrà colmare mai.

E quanti altri suicidi sarebbero avvenuti, se la poesia non avesse frenato questo tormentoso volere con l'argine riparatore della sua brezza lenitrice.

(Evidentemente in Pavese la poesia non bastò a lenirlo. Scrisse: "Non ci si uccide per amore di una donna.

Ci si uccide perché un amore, qualunque amore, ci rivela nella nostra nudità, miseria, inermità, nulla.")

Foscolo, privato dell'amore di Teresa Pickler Monti, tentato dal suicidio, grazie alla forza riparatrice dell'arte, trasferisce il ferale gesto che stava per compiere dalla sua persona a quella del personaggio immaginario, ma autobiografico, Jacopo Ortis, che diviene il suo bersaglio di frustrazione; è un'aggressività dislocata.

È ormai evidenziata la veneficità del pungolo passionale che angaria i precordi degli amanti.

La passione corrode, logora, ma altresì edifica, migliora, soprattutto quando essa si ancora alla salda roccia dell'amore vero.

La passione è come l'onda burrascosa del mare, che va e viene.

La donna nella sua fatale natura di seduttrice somiglia a quest'onda che s'abbatte continuamente su uno scoglio fino a corroderlo dopo frequenti assalti e a farlo cadere in essa, avvolgendolo e ingoiandolo nelle profondità del mare.

Infine essa passerà a infrangersi su un nuovo scoglio e ripetere all'infinito quest'impresa di vorace possesso d'un altro scoglio, d'un altro uomo.

Bibliografia

Ariès Philippe, L'uomo e la morte dal Medioevo a oggi, Editori Laterza 1980

Barilli Renato, I Preraffaelliti, Fratelli Fabbri Editori, Milano 1967

Bruno Guerri Giordano, D'Annunzio, L'amante guerriero, Mondadori, Milano 2009

Branden, Nathaniel. La psicologia dell'Amore romantico, Sugarco Edizioni, 1980.

Carotenuto, Aldo. Eros e Pathos, Bompiani, Milano

Cellini Nava Antonia, La scultura del Seicento, UTET 1982

De Rougemont, Denis. L'Amore e l'Occidente, BUR, Milano 1977.

de Vienne Lucie, Spiritualità della voce, Ed. Paoline, Roma 1963

Ellmann, Richard. Oscar Wilde, Rizzoli, Milano 1990.

Evola, Julius. Metafisica del sesso, Edizioni Mediterranee, Roma 1969.

Fisher, Helen. Perché amiamo, Casa editrice
Corbaccio, Padova 2005.

Fornari, Franco. Carmen Adorata, Psicanalisi della
donna demoniaca, Longanesi, Milano 1985.

Foscolo Ugo, Opere, Le Corone, Mursia 1967

Freud, Introduzione al Narcisismo, Newton Compton,
Roma 1992

Guglielminetti & Zaccaria. Cesare Pavese, Le Monnier,
Firenze 1982
.
Guerri, Giordano Bruno. D'Annunzio, L'amante
guerriero, Mondadori, Milano 2009.

Huizinga, Johan. L'autunno del Medio Evo, Biblioteca
Sansoni, Firenze 1966.

Leopardi Giacomo, Opere, Le Corone, Mursia 1967

Mazza, Attilio. L'Harem di D'Annunzio, Mondadori
1995.

Ovidio. Amori, Rizzoli, Milano 1985.

Ovidio. Le Metamorfosi, Milano 1991.

Pavese, C. Le poesie, Einaudi, Torino 1998.

Petrarca Francesco, da Belle lettere, I Trionfi, Paravia,
Torino 1962

Praz, Mario. La carne, la morte e il diavolo nella
Letteratura romantica, Biblioteca Sansoni, Bologna
1966.

Torquato Tasso, da Belle lettere, La Gerusalemme
liberata, Paravia, Torino 1962

Vittorino Joannes, Ferdinando. L'uomo del Medio Evo,
Editoriale, Domus, Milano 1978.

Wilde, Oscar. Salomè, Rizzoli, Milano 1991

ISBN: 9798339380399
Imprint: Independently published